We Love Hawaii!

Seeing rainbows
across the blue sky,
gives me
feelings of bliss...

はじめに

kaori

何度訪れても、毎回、感激と感動と笑顔をくれるハワイ。今回は、好きな場所もおいしい食べ物も含め、“愛しのハワイ”をあちこちご案内！　私たちの、のんびり、たらりーんとした日々もギュギュッと凝縮してお届けしたいと思います。みなさんがハワイに行きたいな、と思ったとき、この本が少しでもお役に立てたらうれしいです！

いつもハワイのあたたかさ、優しさに助けられ、またがんばろうと思う。だから私は、やっぱりハワイ通いをやめられないし、愛しいもの・こと・場所がたくさん詰まったここを愛してやまないのだと、今回の旅を通じて、しみじみ感じ入りました。ハワイのみなさん、いつもたくさんの愛をありがとう!!

makoto

なんだろう？　この心身ともに癒してくれるハワイの魅力って……。自分らしくいられて、人間らしく生きてる！って思える。そして「あれはイヤ」「これは嫌い」っていう気持ちよりも、「あ、素敵！」「意外においしい！」という前向きな気持ちで物事を捉えられる。僕はいつも、ハワイに「この世のすべての物事は捉え方によってなんでも素晴らしいものになる」ということを教えてもらっている気がするんです。

この本では、そんなハワイのポジティブな魅力をたっぷりお伝えできたらと思っています。ハワイのみんな、この本の制作に携わってくれたスタッフのみなさん、そして何より、この本を手にしてくれた方……本当にありがとうございます！

contents

column

special

＊「kaori」マークと（K）は赤澤かおり、「makoto」マークと（M）は内野亮のコメントを表しています。
＊店や施設のデータは 2011 年 9 月現在のものです。閉店、移転などしている場合はご了承ください。
＊特に休みの表記がない場合は、基本的に定休日はありません。
感謝祭（11 月第 4 木曜日）、クリスマス（12 月 25 日）など、主な祝祭日は休むところもあります。

N483HA

1日目

Hawaii 到着！最初の日は、いつもこうやって過ごす。

まずはスーッ、ハーッと深呼吸して、ハワイの空気を体中いっぱいにする。それから空港の端っこのほうから遠くに見えるダイヤモンドヘッドに挨拶。相変わらずの姿にほっとしつつ、空港近くのお気に入りのダイナーへ。ハワイでの時間はこんなふうにゆるゆるとはじめる。眠かったら昼寝しちゃうこともあるし、夜は夜で近所でサクッと済ませる。というのが、いつものハワイ1日目。もう何年もこんな感じなのだ。(K)

海の家で食べるラーメンのような、懐かしくて優しい味のスモールサイミン＄4.75。マコトはスタンダードなハンバーガー＄2.65が好きらしい。私はチーズバーガー＄3.45を食べることが多いかな。あともう1品、というときは、カルアポークとロミサーモン、それに2Eggsのハワイアンプレート＄10.95をオーダー。ご飯にぐちゃぐちゃっと混ぜて食べるのがおいしい！

まずは『49』で朝ごはん

kaori

ハワイに着いたらまず食べたいのが『49（フォーティー・ナイナー）』のごはん。なかでもよく注文するのがスモールサイミンとハンバーガー。1947年から毎日おばあちゃんが仕込む、サイミンのスープとハンバーガーのパテは、丁寧に仕込まれているのがよくわかる、飽きない味。ほんのりエビの風味を感じるスープにもっちり麺、赤いチャーシュー、かまぼこのような練り物、それに万能ねぎがのったスタンダードなサイミンと、これまたいい意味で何も工夫がないシンプルなハンバーガーをほおばり、「またハワイにやって来たぜ！」って気分を満喫するのだ。

「着いてまず食べるものが、なんでサイミンとハンバーガーなんですか？」と担当編集さんに聞かれ、そう言われてみれば……、と考えてみた。東京で生まれ育った私には故郷というものがなく、なんとなくハワイに来るのが帰省のようなもの!?になりつつあるからか、いわゆる故郷の味をまず食べたい……、そんなところからきているものなんじゃないかと思う。うん、きっとサイミンとハンバーガーは私にとっては故郷の味なのだ。

見よ、このにぎわいを！　朝から近所の人で激混みなのだ。

Forty Niner ／ 98-110 Honomanu St., Aiea ／ 808-484-1940 ／ Mon.-Fri. 6:00-14:00 & 16:00-20:00（Fri. -21:00）、Sat. 7:00-14:00 & 16:00-21:00、Sun. 7:00-14:00 ／ Map P.175

makoto

朝ごはんって、その日一番最初の食事なので、朝だからとかそんなことは関係なく、自分が心底食べたいものを食べる。夢にステーキが出てきたら、その朝は一番にステーキが食べたいって思うし、刺身が出てきたら、やっぱり刺身をオーダーする。ラーメンでもピザでもペペロンチーノでも、それは同じ。そのくらい、朝ごはんには食べたいものを口にしたい。

この頃、朝になると「あっ、あれが食べたい！」と頻繁に思うのが、ここのサイミンとバーガーのコンビネーション。両者ともそんなに秀でて「こういう味！」という主張があるわけじゃないのに、味と食感のバランスがいいし、食べてて飽きがこない。ハンバーガーをほおばり、その味を十分に楽しみつつ、サイミンのヌードルを汁ごと口に中に入れて、お二方の地味な味の主張を口の中で楽しむ。これが最高〜！

普通に考えると不思議な組み合わせのようですが、ハワイはマクドナルドにもサイミンがあるくらいなので、ハワイの人たちはこの不思議な組み合わせの良さを知っているんだと思う。と、書いているだけで腹が減ってきた。あ〜食べたい〜〜〜！

このピンクの袋が目印のスイートブレッド。このまま食べてもちょっとトーストしてファーマーズマーケットで買ったジャムをつけても、おいしい。なんといってもほんのりした甘さが、いいのだ。意外とこれにハムやチーズをのせて少し塩けをプラスすると、パンの甘みが引き立ち、また別のおいしさも体験できる。

Ani's Bake Shop ／ 99-840 Iwaiwa St., Aiea ／ 808-488-2193 ／ Mon.-Fri. 6:00-18:00、Sat. -14:00 ／ Sun. Closed ／ Map P.175

ホテルに向かう途中に買う、大好きなクリームロール

kaori

スーパーでよく見かける『Ani's』のスイートブレッド。ピンクの袋を見ると後先考えずに丸ごと大きいものを買って、毎朝それを食べるはめになったこともあったなぁ。もちろん、今でもこのピンクの袋を見ると買わずにはいられないのだけれど、最近、もうひとつ気に入っているものがある。それは、これまた大好きなリリコイバタークリームがたっぷり入ったパイ。残念ながらスーパーでは販売されておらず、アイエアにあるこの本店でのみ販売されている。ちなみにご存知かもしれないが、リリコイとはハワイ語でパッションフルーツのこと。パッションフルーツはそのまま食べるよりも、こうしてクリームになっていたり、シロップやジャムにかたちを変えているほうがもっとおいしい、と思っている私にとって、これはたまらない代物なのだ。ロールというよりはどっしり重めのスイートなパンを1個だけ買って、すぐにむしゃむしゃ。いつも12個入りを買おうか迷うのだけれど、この1個だけというのがいいんだと思う。もっと食べたいな、くらいで留めておく。これはすべてにおいて私の場合、言えることなのだが、特に好きなものはもったいつけてまた買いに来ようと楽しみを残しておくことにしている。

ショーケースに整然と並ぶ四角いものが、リリコイバタークリームロール。1個¢99。12個入りで$8.99. この値段だもの、ついつい、12個入りにしようか迷うわけだ。

ワイキキビーチがドーンと気持ち良く見渡せる、
吹き抜けになったウェイティングルーム。
ここに座っているだけでもくつろげるんだよなぁ。

チェックインを待つ間に……

kaori

今となってはワイキキの、ホテル内のスパもずいぶん増えたけれど、10年弱くらい前まではそうそう見かけなかったと思う。そんななかいち早くスパを取り入れていたのが、『ハイアット・リージェンシー・ワイキキ・ビーチリゾートアンドスパ』。

その当時は成田空港からのみの出発だったため、チェックイン前の朝に到着することが多かったのだ。そんなわけで着いたらまずはここのスパへ直行！　ということが多かったなぁ。で、スパ終了後、ブランチを食べたら、チェックインタイム！

というわけで、今回もまた旅の疲れと、これからの旅を満喫するために備え、リセット、リセット。

Na Ho Ola Spa／Hyatt Regency Waikiki Beach Resort and Spa,2424 Kalakaua Ave., Honolulu／808-237-6330／7:30-21:00／Map P.177
＊ハワイアン ロミロミ 50分＄139

いつもはダイヤモンドヘッドビーチで。
今日は気分を変えてアラモアナビーチパークのビーチで。

ハワイに着いて まずすること

makoto

海に入ること！　何がなんでもまず海に入って、サーフィンして、気持ち良くなってから、仕事をするか、昼寝するか、掃除するか、買い物するか、する。サーフィンすることで、体内時計を調整してる感じなのかも。っていうか、溜まった垢を海で落としてる、いわゆるお風呂代わりなのかな？　あはっ！

ハワイ王朝の皆さまにご挨拶♪

宿泊している場所にもよるけれど、必ず行くのが『シェラトン・プリンセス・カイウラニ』（写真右）、『クイーン・カピオラニ・ホテル』（写真左）、『アストン・ワイキキ・サンセット』（写真中）。その他『ハイアット・リージェンシー』『モアナ サーフライダー』『ロイヤル ハワイアン』『ワイキキ・ビーチ・マリオット』『パシフィック・ビーチ・ホテル』などでもお見かけいたします。

kaori

私がハワイに惹かれる理由のひとつ、ハワイ王朝。誰もが知っているだろうカメハメハ大王の統一からはじまった1795年からリリウオカラニ女王で1898年に幕を閉じるまでの約100年間、王国だったハワイ（1894～98年は共和国）。ハワイは、その頃の古き良きハワイのいろいろなこと、ものに支えられて今があるように思う。だからかな、今でもハワイの人たちは、ハワイ王朝の人たちに敬意を表することを忘れない。ワイキキのあちこちのホテルのフロントには誰かしら王朝の人たちの肖像画が飾られているし、部屋の名前、ボールルームの名前、ストリートの名前、ハイウェイの名前……。あちこちに王朝の人たちの名前が使われている。皆、普通にその名を呼ぶけれど、よく考えてみると結構、世界でも珍しいことなのではないかと思っている。

マッサージも終わり、おなかも満腹になったら、ワイキキをぶらぶら散歩しながら各ホテルに飾られている肖像画に挨拶まわり。「どうも。また、お邪魔しております！」

Coffee Jello

締めくくりは
街のギョウザ屋さん……、
あっ、中華屋さんで

makoto

「ハワイで餃子だったら、ここ！」と、誰に言われたんだろう？

いつ言われたんだろう？　どうしてハワイで餃子なんだろう？

この『デュー・ドロップ・イン』という小さな小さな中華料理店は、夜はいつもお客さんがいっぱいで、座れるまでになかなか時間がかかる。オープンは1988年。オーナーも奥様も上海生まれで、台北でも結構人気の中華レストランを切り盛りしていたのだそう。ひょんなことでアメリカに来ることになり、そのままハワイに住みついちゃったんだとか。で、餃子一筋30年（いろいろ他のメニューもあるけど）で頑張っているのだ。

上海料理だけというわけではなく、北京や四川が混ざっているのもミックススタイルが得意なハワイならでは。とにかくここの餃子は皮の弾力感がやみつきになる。僕のおすすめは水餃子。今度、どのくらい食べられるか、一度やってみよ。50個はいけそう！　あ、BYOB（Bring your own bottle）なので、アルコール系のドリンクは持参でよろしくー。

焼き餃子（シュリンプ＆ポーク、チキン＆チャイブ）各$7.25／紅油水餃（スパイシーソースダンプリング）$7.95／魚水餃　$9.50

Dew Drop Inn ／ 1088 S.Beretania St., Honolulu ／ 808-526-9522 ／ Tue.-Sun. 17:00-22:00（Dinner）、Wed.-Sat. 11:00-14:15（Lunch）／ Mon. Closed ／ Map P.176

2日目

食ったら動く、
動いたら食う！の日。

おいしいものはいっぱい食べよう。もうこの先1年くらい食べなくてもいいと思えるくらい食べたい。そのためにいろいろ試行錯誤した結果、おいしく腹いっぱい食べるには、上手にエネルギーを消費することが必要だとわかった。食べたいものを制限されちゃったら辛すぎるので、食べたらその分のカロリーを消費していくのだ。特にハワイはカロリーの高いおいしいものがたくさんあるからね。というわけで、ぐいぐい登ってきましたー。(M)

Food Pantry ／ 2370 Kuhio Ave., Honolulu ／ 808-923-9831 ／ 6:00- 翌 1：00 ／ Map P.177

お金もないので、朝は軽めに

makoto

刻んだたくあんが入ってるよ！　すげ〜〜！　絶妙なあんばいでふりかけがかけられているのもいい！　久々に素敵な人に会ったような衝撃を受けた。恋愛でいうところのいわゆる一目惚れ。これまでさまざまな出会いがあったけど、これほど完璧な人にお会いできるとは思いもしなかった。外見ばかりではなく、内面までもがパーフェクト。ひとたびデートしたら、次のデートまで待ちきれないから、そのときをものすごく大切にしたい感情にかられる。ずーっと僕だけのものだけでいてください……。なんてね。

そんなスパムむすびがあるのは、ワイキキで唯一のスーパー。素敵な出会いはどこにあるかわからないッス。かなり試行錯誤してできた自他ともに認める傑作。朝早すぎるとまだでき上がってないときも。そんなときは、「ハワイで1番、おいしいスパムむすびをお願いします！」と言ってみて！

天気がいい日は、トレッキングへ！

makoto

何も海で遊ぶばかりがハワイじゃない。このところ、雑誌の取材等で、軽めのトレッキングを紹介することが多くなり、その流れで、トレッキングの気持ち良さを知った。だからって、勢い余ってやり過ぎはどうかなとは思うけど……（P.26のアカザワ談参照）。

ラニカイにあるトレッキングコースは、景色を見ながらゆっくり登るのがおすすめ。無理をしなければ、本当に楽しいコースだと思う。ラニカイやカイルアのコバルトブルーの海を眺めながら、「こんな海を見下ろしてる自分は、本当に、し、あ、わ、せ、も、の！」なんて思いながら楽しめるコース！

もうひとつおすすめは、ココ・クレーター。ワイキキから車で30分程度のハワイカイにあるトレッキングコース。ただただまっすぐなコースで、「自分の人生もこうまっすぐに上に向かっていたらなぁ」と思ってしまう。ただし、まっすぐ山に登るのはやはり人生と同じく厳しいもので、トレッキングを楽しむというより、過酷な試練を味わう、といった感じのほうが強いかもしれない。慣れた人だと17分程度で登れるらしいが、僕は30～45分は最低みて登ることにしている。

ゆっくりゆっくり登り、ときどき自分の来た道を振り返り、またこれから進むべき道を確かめつつ、頂上を目指す。さまざまな人とすれ違い、ときには追い越されながら、山頂にたどり着く頃にはへとへと。でもふっと振り返ると、そこには想像以上にすばらしい景色と達成感があるのだ。みんなに愛され、にこやかに人生をまっとうするような感じとはまさにこんなものなんだろうな。こちらの体験はまだしたことないけど、あくまでも想像で……。とにかく、コースを楽しむというよりは達成感を味わえるすばらしいエクササイズコースだと思います！

Lanikai Trekking ／ Map P.175

Right?
Feels good, doesn't it?
Do you wanna do
one more hiking?
Mummm...,
it's not that hard!
See, we almost
at the top!

makoto

僕は自他ともに認める〝似非ヘルシー野郎〟なので、運動した後の食事は、できればそのままヘルシー感に浸ったままでいられるような、健康的なものを食べたいと思ったりする。

『ダウン・ビート・ダイナー＆ラウンジ』は、そんな似非ヘルシー野郎の僕に、さらにちょっとした〝気取った雰囲気〟もプラスしてくれるところが、とっても気に入っている。夜、クラブ終わりでもヘルシーなものが食べられるという評判のお店なのだ。オーナーは、『コンテンポラリー・カフェ』という美術館に併設されていたヘルシー系レストランで働いていたジョセフというおしゃれな男の子。ほぼすべてのメニューにベジタリアンメニューがあり、僕が頼んだBLATサンドも、ビーガンベーコン、レタス、アボカド、トマトという感じで、似非な僕の心をくすぐる食材だったりする。

年に数回、ヘルシーにこだわった日は、やっぱり最後までヘルシーでいきたいと思う。皆さんも、ハワイに来ると、ちょっとそういうヘルシーな自分が顔を出したりしませんか？ハワイってきっとそういう雰囲気もあると思うな。

〝似非ヘルシー〟にぴったりのサンドイッチ

Downbeat Diner&Lounge ／
42 N.Hotel St., Honolulu ／
Mon. 11:00-24:00、Tue.-Thu. -AM3:00、Fri.-Sat. -AM4:00、Sun. -22:00 ／
Map P.176

ビーガンベーコンでも十分、うま味を感じるサンド。
満足感も意外なほど大きい。BLAT ＄8。

調子に乗って もう一発山登り

kaori

運動はどちらかといえば、しなくちゃなぁと思いつつもなかなか身体も気持ちもそちらに向かない、というのが現実。けれども今回は「身体動かすよー！」とはりきっていたマコトに言われるがまま、登ってしまった。しかも、2か所連続！　翌日の筋肉痛のことも考えず、ひたすら登った、登った。ラニカイのほうは、初めだったこともあり、頂上までいった気持ち良さも手伝って「あぁ、なんかいいもんだな、トレッキングって」なんて余裕をかましていたのがいけなかった。「なんだ余裕じゃん。じゃあ、もうひとつ行こう！」という体力自信派のマコトの誘いを断るべきだった……。

2つ目のココ・クレーターは昔、トロッコを走らせていた線路の上をそのまま登っていくもの。まずこの線路の段差が大きすぎてきつい。そしてこの角度！　いちいち見上げないと空が広がらない。目の前にあるのは土の壁。これがひたすら続く。何度も股が裂けそうになりながら、そろそろ着くかしら？　と思って見上げるとそびえ立つ壁！　かといって降りるにはもう半分くらいまで来ているし、それはそれで大変そう。半分泣きそうになりながらまた先へ先へと進んだ。あとちょっと、と思っても意外とまだまだ先は長く、それが繰り返されるのももう飽きてきた頃、ようやく、ようやく頂上にたどり着いた。もちろん、上まで登りきったときの感動は、ここ最近の出来事では一番すごかったし、運動した後の気持ち良さってもんを久しぶりに味わえた。そしてやっぱり頂上からの景色は本当にすばらしかった。気持ち良くハワイの海がグーンと見渡せる感じ。これはここからしか望めない景色だと思う。けど、もう1回やるかと言われると……。あ、そうそう最後に。私の分の水もリュックに背負ってくれたマコト、ありがとうでした。

Koko Crater ／ Map P.175

Hey, not yet? Whose idea was to go hiking, again!?
Sorry! It's me...., Wait, you guys are going to fast for me!

健康足心（Kenko Sokushin）／
2310 Kuhio Ave.,#133, Honolulu ／
808-923-0500 ／ 11:00-22:00 ／ Map P.177
＊予約受付は 21:00 まで

やっぱり運動した後は、マッサージでしょ

足裏図を渡され、マッサージ開始。

kaori

仕事柄と運動不足の両方でひどい肩こりと腰痛持ちの私に欠かせないもの、それはマッサージ。「身体、かたいね」とよくマッサージや整体の先生方に言われるので、最近は寝る前にストレッチをしているが、これがあまり効果がなく、相変わらずの状態。そんななかでの急な運動（トレッキング）だったので、やっぱり行っておこう、というわけでクヒオ通りからちょこっと入ったところにある便利な足裏マッサージへ。

観光客からもロコからも人気のここは、日本人スタッフによる丁寧な施術がうれしいところ。細かなお願いも、もちろん日本語で OK。そうそう、必ず予約してから出かけるように。旅の時間を無駄にしないための鉄則です！　意外と遅くまでやっているから、今日一日の締めくくりに、というのもいいかも。ところで今日の私はというと、胃腸と目、肩、腰が弱っているとのこと。っていうか、いつもの箇所だけどね……。

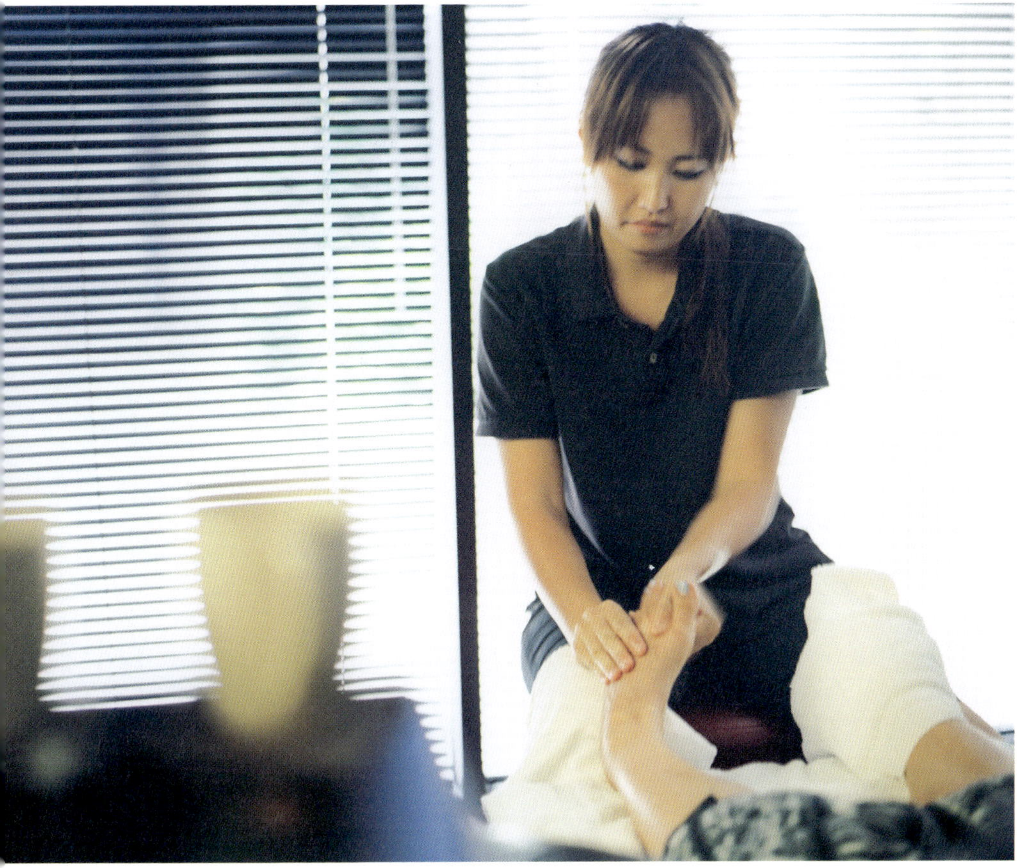

夜は大好きな２軒のバーへ

〈左〉珍しく『Beach Bar』でもカクテルをオーダーしてみた。右のココナッツに入っているのがラムベースにココナッツクリームとパイナップルジュースの南国度満点のモアナ・ココナッツ。左の竹筒に入っているのはウォッカベースに紅茶とレモンが入った女子ウケしそうなパラダイス・ピーチクーラー。各＄20。
〈右〉カラリと揚がったパシフィックリム・フィッシュ＆チップス（＄16）のマヒマヒはここのが１番ふわふわでジューシー！　タルタルソースをたっぷりつけてレモンを搾っていただきまーす。

kaori

なんだかんだ言っても旅の間に必ず何度か来てしまうのが、モアナサーフライダーの『The Beach Bar』とロイヤルハワイアンの『Maitai Bar』。ワイキキど真ん中のホテル内にあるこの２つは、私にとっては“ザ・ハワイ”の代名詞のような景色が広がる最高の場所。ハワイに来はじめた頃、ここでカクテルを飲んだときは“ハワイに来た感”満喫で、なんか恥ずかしいくらい盛り上がってたな〜。

ここに来るならなんと言ってもサンセットの時間がいい。ワイキキビーチの向こうにゆったりと雄大な姿を見せるダイヤモンドヘッドとオレンジ色の光に照らされたビーチでくつろぐ人たちを眺めながらビールを飲み、幸せな気持ちで今日一日を終えることができるから。サイドでゆるりと流れている、生演奏のハワイアンミュージックもまたいいのだ。

少し暗くなってくると『Maitai Bar』のほうは、ホテルの明かりが海に反射して、それもまた幻想的で美しい。見慣れているはずの景色だけれど、何度見ても新鮮な気持ちで感動できるし「あぁ、ハワイにいるんだな」と実感させてくれるのがこの２つのバーなのだ。

『The Beach Bar』ではフィッシュ＆チップスをつまみにハワイのビールを飲むのが定番。『Maitai Bar』ではふっくら生地がおいしいピザといろいろなカクテルを飲むことが多い。ちょっと前までは『Maitai Bar』でカクテルをオーダーすると、小さな孫の手がマドラー代わりに入っていたことがあった。「え――？」と思い、日系４世の友人にそれを話したら「それがさ〜、その孫の手が子ども心に欲しくてさー（笑）、おじいちゃんとここに来るたびにおねだりしていたよ」と言うので、「で、どう使ったの？」と聞いたら、もちろんおじいちゃんと一緒にボリボリ背中をかいていたとのこと（笑）。なんだ、ちゃんと使い方を知っていたのね、とほっとした。リニューアル後、孫の手がマドラーとして登場することもなくなり、ちょっとさみしい私です。

The Beach Bar ／ Moana Surfrider, A Westin Resort&Spa,2365 Kalakaua Ave., Honolulu ／ 808-921-4600 ／
10:30-22:00（Food）、-23：30（Drink）／ Map P.177

Maitai Bar ／ The Royal Hawaiian, A Luxury Collection Resort, 2259 Kalakaua Ave., Honolulu ／ 808-923-7311 ／
10:30-22:00（Food）、-23：30（Drink）／ Map P.177

column

2Eggs ＋ Spam ＋ Rice の話

kaori

日本での朝ごはんは、目玉焼き1個とトースト1枚、それにコーヒーが定番。でも、なぜだかハワイに来ると、2個の目玉焼きにスパム、ブラウンライスが私の定番。ご飯と目玉焼きに、ちょこっとしょうゆをたらして卵をくずしながら食べるのがいい（これはずいぶん前からマコトがしていたのを真似してみて感激し、以来真似し続けている)。目玉焼きはサニーサイドアップで、まわりがすこーしだけチリチリしているくらいが好きだ。ハム類はたいていスパムを選ぶけれど、最近はあればヴィエナソーセージにすることも。これが日本の鮭定食みたいな感じで、朝ごはんメニューとしてどこにでもあるんだから、ハワイっておもしろい。いい感じに、混ぜこぜにするのが得意なんだよなぁ。あ、それからコーヒーは薄めでがぶがぶ飲めるもの、ということも朝の重要事項かも。

makoto

朝食のメニューってどこのレストランでも、単品のチョイスが豊富。選ぶの面倒くさいときとかもあるけど、今日は「これとこれとこれを食べたい！」と思ったら、大抵のレストランはそのリクエストに応えてくれる。それは僕にとって、とってもうれしいことで、ときどきメニューに出てないものをお願いしてみたりもする。例えば、「ロコモコ作って！」なんてわがまま言っても、みんなちゃんと応えてくれるから、好き♡　この日は、焼き飯に卵をのせて、ポチギーズソーセージとウィンナーを添えてもらった。しかも、バナナパイも付けてもらって！　2Eggs + Spam + Rice といっても、こういうオーダーの仕方もありなのだ。こんな幸せな朝をむかえられるなんて、やっぱ、いいよね、ハワイ。好き、好き !!!

Sorry we're CLOSED
Doing concessions @
UH FOOTBALL

ぐだぐだ
ノースの日。

3日目

明日は早いからと早々に就寝。翌朝は爽やかに起床。いざノースへ！　「今日のごはんの材料を買いにいくぞー」と、はりきっていたのもつかの間。現地に着くとテントの姿もなく……。なんと、ファーマーズマーケットは日曜開催でした。今日は土曜日じゃんかよー、おい！　プロフェッショナルなマコトでも間違えることがあるのね。そんなわけで急きょ、予定変更。ぶらぶらドライブしつつ、おいしいものでも食べるとするか、ということに。(K)

『カメハメハ・ベーカリー』で朝ごはん調達

Kamehameha Bakery ／ 1339 N. School St., Honolulu ／ 808-845-5831 ／ Mon.-Fri. AM2:00-16:00、Sat.-Sun. AM3:00-12:00 ／ Map P.176

kaori

ずいぶん前からここには通っていたけれど、だいたいいつも昼過ぎで、ケースにはほとんどパンがないという状態のことが多かった。そのとき買っていたのは小さなスイートブレッドのようなもの。そのまま食べるとほんのり甘くておいしかった。

それがある朝早くに、店の前を通りかかってびっくり。お店の中のガラスケースが見えなくなるほど、店内は人でいっぱい。外にも列ができていた。うっそー！　何、何事？と思いつつ、車を降りてさっそく列に並ぶことに。そのとき初めてここのちゃんとした営業時間を聞き、午後のガラスケースが空っぽなワケがわかった。なんとオープンはAM2時。その頃からぼちぼちお客さんが来だし、朝、6～8時はピークということだった。どうりで物がなかったわけだ。考えてみれば、パン屋さんって朝が勝負だもんな。納得。列に並んでいる最中に、ロコたちが教えてくれたのが写真のマラサダ（1個¢55)。これが絶品。ふわふわなのに食べ応えがあって、甘さもしっかり。マラサダの生地にタロイモを加えて砂糖をからめた紫色のものポイグレーズ（1個¢70）もまた、もっちりとしていてコクのある甘みがものすごくおいしい。みんなダース単位でガンガン買って行くので、朝早い時間にほぼ売り切れのこのマラサダ。早起きして食べに行く価値アリ、だと思う。

makoto

このお店、アカザワさんがしつこく「寄れ」と言わなければ、僕にとって一生知り得なかった店だと思う。アカザワさんの嗅覚に恐れ入った感じ。おいしさは本当に折り紙付き。しかも店員さんの笑顔が、もう最高で、どこかのファーストフードの笑顔の100倍素敵な感じ。朝一番の笑顔っていいよね。

Poi Glazed
Malasada

そういえば、おいしいポキ丼がこの辺りに……

kaori

ハワイでも日本でもお世話になっているおいしいものを作るのも、見つけるのも得意な先輩、るーさんが「おいしいポキ丼がある」と言っていた。そういえばそれは彼女たちがよく出かけるゴルフ場の近くだったような気が……。

ファーマーズマーケットがお休みで撃沈した我々は、同じ道で帰るよりも、ぐるりと回って気分を変えることに決め、北へ北へと向かっていたのだ。カフクシュリンプでにぎわう辺りをずいぶんと通り越すと見えてくるコカ･コーラの古い看板。これが目印。そうそう、そう言っていた。古めのコンビニ風ショップの中に入って奥の奥まで行くと、ありました！

これだよ、これだよ。と、マコトがやけにうれしそう。

1パウンドのふた付きプラスチック容器に温かいご飯を詰め、上からどさっとアヒポキをのせたシンプルな丼。マグロの甘くとろけるような食感と、なぜか炊き立てのご飯がよく合う。しょうゆとごま油、ちょっとピリ辛な加減もほどよい。さすがるーさん！　またしてもおいしいものをありがとうです。

makoto

僕、今まで何してたの？って、改めて思っちゃうくらい、それくらいおいしいポケ丼でした。それがこんな片田舎のカフクにあったなんて……。ご飯の量が少ないんじゃないかと思うくらいポキの量が多くて、びっくり。心休まる味もよかった。取材で食べ続けているからって半分ずつしか食べなかったけど、やっぱり1人1個にすれば良かった……。それが本当に悔しいと心から思えた一品だった。

カフクはエビだけじゃなく、ポキもおいしいなんて。やられたなー。

Kahuku Superette ／ 56-505 Kamehameha Hwy., Kahuku ／ 808-293-9878 ／ 6:15-22:00 ／ Map P.175

横から見ておわかりのように、
ご飯とポキが半々ずつというすごいバランスの丼。
それにしてもうまいのだー！＄5.59

小腹がすいたら オックステール ラーメン！

kaori

オックステールスープで有名な『カピオラニ・コーヒー・ショップ』。今年になって新メニューとしてオックステールラーメンが出たと聞き、さっそく食べてみたらこれが想像以上においしかった。今まではご飯とスープを交互に食べたり、肉を食べてからスープの中にご飯を入れたり、とあれこれしながら食べていたけれど、ラーメンならずずーっと麺をすすりながらスープも一緒に満喫できる。スープの潔いおいしさはそのままに、麺でボリュームアップしたオックステールラーメンは、腹減りなときにぴったり。小腹のときには半分ずつでぴったり。

makoto

あ、また半分！　でも半分でも日本でいうところの“一人前”分の麺の量はあるから、小腹じゃなくて大腹のときにもきっと十分だと思うのだ〜。ああ〜、原稿書きながらオックステールスープの塩加減が思い出されてむしょうに食べたくなってきた。明日、朝一番で食べに行きたい！　誰か一緒に行って〜！

Kapiolani Coffee Shop ／ Waimalu Shopping Center, 98-020 Kamehameha Hwy., Aiea ／ 808-488-7708 ／ Mon.-Thu. 6:30-22:00、Fri.-23:00、Sat. 6:00-23:00、Sun.6:00-22:00 ／ Map P.175

見た目はまるでインスタント風なのに、食べると意外とちゃんと作っている感もあるのが不思議なワンタン麺＄5.80とチリライス＄3.85。

Zippy's ／ 601 Kapahulu Ave., Honolulu ／ 808-733-3725 ／ 24 hours ／ Map P.177

ときどき、むしょうに食べたくなるZippy's

kaori

『ジッピーズ』のワンタン麺。これがむしょうに食べたくなるときがある。クセになるジャンクなチキンしょうゆ風味のスープにモチモチした麺。それに赤いチャーシューとなるとが入った、私的には正統派なワンタン麺。ときどきワンタンがくずれて、上のほうは皮だけ、下のほうには肉のかたまりだけってことがあるので、スプーンで奥底を掘り返してから食べてくださいませ。

makoto

チリ・オン・ザ・ライス、またの名を、チリボウル。「何これ～？」って初めて食べてから20年以上が経ち、今ではすっかり小腹の供！　あの頃はおいしいのか、まずいのか、よくわからなかったし、お腹いっぱいにするのに必死だった。けど、今はジッピーズのチリが心底、大～好き！な、僕なのです。

リベンジ！
ノースの日。

4日目

今日こそは！と思い、みんなを乗せた車を走らせ、いざ、ノースのファーマーズマーケットへ。なぜか勘違いして、悔しい思いをした昨日のリベンジ。あった、あった！　いっぱいテントが並んでる～！　あれ？　だけど、テントの下にあんまり人がいないし、お店もやってないみたいだぞ？　どうして？　え、また間違えた!?　今度は、あんまりにも意気込み過ぎで、到着したのが早すぎました……。ということで、人がにぎわいはじめたところで、あらためまして、出陣っ！（M）

ファーマーズマーケットで野菜、パンなどお買い物

kaori

はじまったばかりのときは、お店の件数もそれほどでもなく、どうかな？と思っていたけれど、久しぶりに来てみたら、かなり充実していてびっくりした。野菜の種類の充実度に加え、それを使ったペーストやジャムなどが増えていたのもすごくよかった。特にここ最近で気に入っているのは、バジルペースト。野菜を売っている農家の方が手作りしているものだから、少々お値段は張るけれど、その分安心して食べられるし、なんと言ってもおいしい。しかも、私が家で作るのと同じく、松の実ではなく、マカダミアナッツペーストを使っているところがナイス！　これを使うだけでコクが深くなり、やわらかに広がる香ばしい味わいが加わる。これはぜひ一度試してほしい一品！　袋とビンとで売っているが、3～4人分のパスタを作るならビンもののほうが量的におすすめ。あとはパンとはちみつを調達しつつ、リリコイジンジャージュースを飲んだり、ピザを食べたりしながら、行ったり来たり。毎回、カゴいっぱいにあれこれ買い込んでしまうことだけが悩みの種……。

Yay!
Today is the day
for farmer's market!!!

Haleiwa Farmer's Market / Joseph P. Leong Bypass&Kamehameha Hmy., Haleiwa / 808-388-9696 / Sun. 9:00-13:00 / Map P.174

買ってきた食材で
ごはんを作ろう！

パッケージがかわいいチキンウィングがたくさん入った箱。バーベキュー用に、と買ってみたけれど、マコトがもち粉チキンを作ってくれることに。『セーフウェイ』にて。

意外にも慣れた手つきでサクサク仕込みをするマコト。味もかなりのおいしさだった！

できた！

makoto

僕流もち粉チキンの下味はジンジャーとガーリックを入れたしょうゆだけ。それに5〜10分程度つけて、そのあとパッパッともち粉をふって、フライパンにちょっとだけ多めの油を入れてからりと揚げる？というか、焼くだけのもの。普通はもっとしっかり下味をつけて、たっぷりの油で揚げると思うんだけど、弱気な僕はちょいちょい料理で満足〜。

こうやってみんなで集まって、ギャーギャー騒いでそれぞれが作った料理を楽しむのっていいよね〜。でも、僕の場合は特に人が料理を作ってるとき、ちょっかい出したり、飲み過ぎちゃったりするのが最高……。そんな時間が大好きです。

kaori

今日のメニューは、塩豚とクレソンのスープ“オノ・ハワイアンフード”風、いんげんのサラダ、トマトとクリームチーズのサラダ、もち粉チキン、豆腐のせぶっかけご飯、ファーマーズマーケットのバジルペーストを使ったパスタとトマトのパスタなどなど。ノースショアから帰ってきて､みんなで手分けしてクッキング！

つまみ食いしながら、ときどき失敗しながらの料理はなんとも楽しい。

キッチン付きの部屋に泊まったときは、こんなふうにハワイのおいしいものを思いきり楽しむごはん会をすることにしている。例えボウルや鍋ごとテーブルに出したとしても、みんなで作ったごはんは、不思議なほどおいしいからね。だからやっぱり3回に1回はキッチン付きに泊まりたいなぁと思ってしまうのです。

マウイ島で作っているやぎのチーズ。ここのは、クリームチーズにチャイブなどのハーブを合わせたものがすごくおいしい。丸っこいチーズはプレーンのクリームチーズ。サラダやデザートにぴったり。『ホールフーズ・マーケット』にて。

途中から出動してくれたこの本のデザイナー茂木さん（奥）と到着したばかりの担当編集古俣さん（手前）と一緒に、いただきま〜す。

column

パンケーキの話

makoto

　この間、日本でパンケーキを焼いた。でもなんか違った。なんでだろう？　食べている場所のせい？　粉のせい？　プレートのせい？　自分のせい？　なんかハワイで食べるパンケーキは特別だな……。

kaori

滞在中、2回以上は食べるもの、パンケーキ。朝はたいてい2Eggs＋Spam＋Riceと決めているので、2人以上いるときにもう1品頼んで食べるということが最近は多い。

このまぁるいかたちに癒されるのか、甘い香りと味に癒されるのか、いずれにしてもパンケーキには人を癒す、不思議な力があると思う。ケンカしてても、嫌なことがあってもパンケーキを食べるとなぜだか忘れて笑顔になれる。そんなハッピー感がパンケーキにはあるのだ。

写真は『ケニーズ』というファミリーレストランのパンケーキ。まんまる形にホイップクリームがぽこっとのっかったスタンダードなもの。今のところ一番好きなのはやっぱり『49』のものか、『オリジナル・パンケーキ・ハウス』とか『ブーツ＆キモズ』かなぁ。けど、どこのものを食べてもそれなりにおいしいというのが、このパンケーキの人気の秘密なのではないかと思っている。

おすすめパンケーキのお店

Forty Niner ／ 98-110 Honomanu St., Aiea ／ 808-484-1940 ／ Mon.-Fri. 6:00-14:00 & 16:00-20:00（Fri.-21:00)、Sat. 7:00-14:00 & 16:00-21:00、Sun. 7:00-14:00 ／ Map P.175
＊一番人気は、バナナ入りのパンケーキにハウピアソースがたっぷりかかったフォーティナイナー・パンケーキ。

Liliha Bakery ／ 515 N.Kuakini St., Honolulu ／ 808-531-1651 ／ 24 hours（Tue. 6:00-Sun. 20:00）Mon. Closed ／ Map P.176
＊ホットケーキという名のパンケーキはとてもシンプルなもの。バターとメイプルシロップをかけてどうぞ～。

The Original Pancake House ／ 1221 Kapiolani Blvd., Honolulu ／ 808-596-8213 ／ 6:00-14:00 ／ Map P.176
＊我々のお気に入りはシンプルなバターミルクパンケーキか小さなサイズのダラーパンケーキ。サイドオーダーのコンビーフハッシュとホイップバターをのせて食べるのが好き！

Pancake&Waffles ／ 1284 Kalani St., Honolulu ／ 808-847-7770 ／ 6:30-14:00 ／ Map P.176
＊パンケーキだねにチェダーチーズとハムを混ぜ込んで焼いた、塩味系パンケーキ。だけど、それにホイップバターをぬってメープルシロップをかけて食べるのがここのスタイル。甘塩っぱい味がクセになる。

Cafe Haleiwa ／ 66-460 Kamehameha Hwy., Haleiwa ／ 808-637-5516 ／ Mon.-Sat. 7:00-12:30、Sun. -14:00（Breakfast)、Thu.-Sun. 17:00-21:00（Dinner）／ Map P.174
＊シンプルなバターミルクパンケーキに、目玉焼きとカリカリベーコンをつけたセットは、飽きのこないおいしさ。見た目もかわいくて好き。

Koa Pancake House ／ 46-126 Kahuhipa St., Kaneohe ／ 808-235-5772 ／ 6:30-14:00 ／ Map P.175
＊カイムキやパールリッジにも新店舗を出すなど、勢いのある進出ぶりを見せているが、やっぱりコアの木を贅沢に使った店内でゆっくりできるカネオへのお店が好き。バナナを一緒に焼き込んだだけのシンプルなパンケーキはどこよりもふわふわでもっちりしている、と思う。

Boots&Kimo's ／ 151 Hekili St., Kailua ／ 808-263-7929 ／ Mon.-Fri. 7:30-14:00、Sat.-Sun. 7:00-14:30 ／ Map P.175
＊ハワイ好きなら知らない人はいないというほど、今や言わずと知れたパンケーキの名店。実はパンケーキ以外にもオムレツがおいしいのでここではオムレツを頼むことのほうが最近多い。が、たまにやっぱり食べたくなるのがあの有名なマカダミアナッツソースがかかったパンケーキ。名前は最近長くなりすぎて覚えられませんでしたー。

エセルズのおじちゃんと おばちゃんに会いに。

ぼくたちが大好きな
与ーさんと京子さん!!
スーパースペシャルカッコイイ
2人なのだ!!

5日目

ハワイを訪れるたび、顔を見に行きたくなってしまう『エセルズ・グリル』のご夫婦。変わらない笑顔と、パワフルな対応にいつも元気をもらう。というわけで、今日は二人に会いに行ってきまーす。(M)

と、その前に
ガツンと食べる
ための準備！

makoto

斜光のときは朝早くでも夕方でも、緑も人も海もみんなとってもきれいになる。そんなきれいな景色を見ながら身体を動かすと、いつもよりおいしい空気を吸ってるような錯覚まで起こすから不思議だ。

アラモアナビーチのすぐ横にあるマジックアイランドは、やわらかい海風を感じながら、そういう気持ちをいっそう引き立ててくれる場所。朝、まだ日が昇らない頃から、たくさんの人が気持ち良さそうにウォーキングやジョギングを楽しんでいる。そんなみんなと、勝手にこの気持ち良さを共感しながら、波のチェックをしつつのウォーキング。この充実感を味わうと、お腹も充実させたくなっちゃうのが、僕の悪い癖なのだ……。

朝は軽めに ヘルシーサンドイッチから はじめよう

makoto

ちょっと前までアメリカの朝食って“肉と卵と炭水化物のみ”っていうのが多かったけど、最近はそういう定番ものに加えて、野菜たっぷりのメニューが増えたと思う。朝なので、できるだけすぐにエネルギーに代わる炭水化物をとったほうがいいのかもしれないけど、朝っていつもより野菜がおいしく感じられる気がしませんか？ ということで、この日の朝、僕はごくごく自然にアボカド、トマト、キュウリ、チーズが入ったアボカドサンドイッチを、マノアにあるサンドイッチ屋さんまで行って、買った。

ここは、昔からヘルシーなメニューが多く、学生時代から「なんとなく野菜が足りないな～」と思ったら、行ってたお店。マノアの閑静な住宅街にあって、品も良い（僕にぴったり）。ヘルシーを感じたい日の朝に、絶対行きたいお店。あ、でも実はこの日、アボカドサンドにはしっかりベーコン追加で頼んでたんだけど。

Andy's Sandwiches&Smoothies ／ 2904 E.Manoa Rd., Honolulu ／ 808-988-6161 ／ Mon.-Thu. 7:00-17:00、Fri. -16:00、Sun.-14:30 ／ Sat. Closed ／ Map P.177

エセルズに行く途中、『ターゲット』で日用品を買う

kaori

全米で1750店舗も展開しているという大型スーパー『ターゲット』はタオルやキッチン用の洗剤、コスメ類などがワイキキ周辺のスーパーよりも充実しているので、行くとなるとあれこれ日用品を買い足す。マコトから教えてもらったふかふかの毛足がゴージャス気分を増幅させるバスタオルもさっそく購入。それからダンナの白いTシャツ、入ってすぐのところにあってうっかり引っかかってしまったキティちゃんのVネックTシャツ。モレスキンのノートは日本であまり見かけない水色をゲット。書類を送るときに使うかわいいガムテープも！　あとはおやつ代わりにガシガシ食べるマカロニ＆チーズの電子レンジでチンするバージョンも。そして最後に手にしてしまったのが中央に鎮座している赤いクマ。日本でもすでに人気らしいが、まったく知らず。手の平を押すと、たらこ唇を開けて、歌ったりしゃべったりする憂い奴なのだ。『ターゲット』はなんでもないような日用品がシンプルなデザインでそろううえ、こういうクスッと笑えるものも見つかるところがいいのだ。

Target ／ 4380 Lawehana St., Honolulu ／ 808-441-3118 ／ Mon.-Sat. 8:00-22:00、Sun. -21:00 ／ Map P.175

お昼はがっつり『エセルズ・グリル』で！

kaori

とにかくなんでもおいしくて、そして安い！　さらにおじちゃんとおばちゃんが最高。まさに故郷に帰るような、そんな気分を与えてくれるところ。日本食の料理人だったという与一さんが作るごはんは、おじちゃんのイカす見た目と違い、繊細な味わいのもの（すいません）。奥さんの京子さんは見た目通り、豪快で優しい。そんな二人と娘さんが切り盛りするお店は、朝からとにかく大混雑。お昼どきに行くとしたら並ぶのを覚悟で行く。が、じっと静かに並んでいるようなことが得意ではないマコトと一緒のときは、お昼時間も終わりのギリギリくらい、すいてきた頃を狙って行く。

お店に入るなり、明るく元気な笑顔で迎えてくれたお二人。さっそく娘さんがオーダーをとりに来てくれたので、はりきって一人1品ずつ注文すると「スモールサイズにしますか？」とありがたいひと言が。そう、ここのごはんはおいしいけれど、量がとにかく多い。普通の日本人が食べきるにはかなり頑張らないと、という感じなのだ。だからすぐに「そうだね、じゃあスモールサイズで」と答えた。しばらくして出てきた料理を見てたまげた。でかっ！　そう、スモールサイズではなく、Sumo（スモウ）サイズだったのです。つまり特大サイズ……。やられました……。と、思っていたのは最初だけ。意外と食べられちゃいました。おいしいから。それにしてもここの家族、おもしろいし、おいしいもの作るしで、ほんと最高！

〈右〉今日のスペシャル、ビーフトマト$8.75。ライスかヌードルが選べるのでヌードルを選択したら、カリカリに揚げたヌードルと合わせて出てきた。これに酢をかけながら混ぜて食べると、あんかけ焼きそばのよう。うまい！

人気メニューのエセルズ・フェイマス・タタキ・サシミ$5。オリジナルのごま油とガーリックしょうゆソースがうまさの秘密。

あ、もう1品頼んだ人がいた。なんだこれ？　覚えてないけど、おいしかったことだけは確か。お味噌汁とご飯、それにサラダもドカッと一緒についてくる。

makoto

照れくさそうにうつむきながら「なんだよ、また来たのかよ～」って歓迎してくれるおじさんに会うと、「あ、またすぐ戻ってこよう！」って思っちゃう。おばさんも「まだ他のお客さんがいっぱいで忙しいから外で待っときな！」って、お店が混んでるときはつっけんどんに言うんだけど、ひととおり片付いて、世間話をしながら一緒に座ってくれる頃には優しい笑顔で、気持ち良く迎え入れてくれるもんだから、それが癖になる。

このお店の味は他のガイドブックや雑誌でも評判なくらいおいしいのは事実。だからあえてその辺に関して書かないけれど、ここのオーナーご夫婦は本当に人間的に尊敬できるすばらしい人たちだということを言いたい！　僕は、おいしいごはんはもちろんだけれど、おじさんたちと世間話ができたらいいな～って思いながら、楽しみに行く気持ちのほうが強いかも。とはいえ「もう今日は夕飯は抜きだな……」って思うほど、毎回、お腹いっぱい食べちゃってるんだけど……。だって本当においしいんだもん！

Ethel's Grill ／ 232 Kalihi St., Honolulu ／ 808-847-6467 ／ Mon.-Sat. 5:30-14:00 ／ Sun. Closed ／ Map P.176

TATAKI
Platter
$150.00
サン
エキストラ
32年レストランを営んできた
Ethel's Grillの元気な家族

食べすぎたので夜はつつましく!?

makoto

ロケがない日は、午前中はいろいろ事務的な仕事をし、ランチを食べて、サーフィンに行って、帰ってきてまたちょっと事務仕事して、小腹が空いてちょっぴりつまんじゃって、「ごはんどうしようかな〜？」って思いつつダラダラしてる間に時間は過ぎ……。一緒にごはんを食べてくれる人もすでに時遅しで誰もいない、という日（前置き長くてすいません）は、「もういいや、適当にテイクアウトしよう！」ってことになる。

そんなとき僕がよく買うもので、超おすすめなものをご紹介！　このポキは一度は絶対食べてほしいって思える一品だし、ローストポークの皮の塩けのあるパリパリ感も絶対味わってもらいたい。そういうおいしいおつまみを夕方にあちこちから買い集めてきて、夜、お酒をたしなむのは本当に楽しい！　それが例えひとりぼっちでも……。ただ、お酒、特にワインはあまりわからないから、キンキンに冷やした安い白ワインでおつまみを食べるということが僕は多いかも。キンキンに冷やすと、なんかどのワインも同じようにおいしい気がするので（笑）。なので大抵、『ホールフーズ』で1本 $2.99 のワインを買って、冷やすか、氷を入れてみたりして飲む。

でも、そんな夜はついつい飲み過ぎて、ちょっとだけおつまみを食べようと思ってたのに、気付くと結局、全部平らげちゃったりしてるんだよね。やばい、やばいよね〜〜〜。

〈上左〉『Alicia's Market』のスイートオニオンしょうゆアヒポキ、1パウンド＄9.95と『Duck Lee』のローストチキン1パウンド＄7.95。
〈上右〉『ホールフーズ』の1本＄2.99のワイン。意外とボトルデザインもかわいくて僕好み。
〈下〉おいしそうな照り！『Duck Lee』の店先でこれを見てしまったら最後。買わずにはいられないのだ。

Alicia's Market／267 Mokauea St., Honolulu／808-841-1921／Mon.-Fri.8:00-19:00、Sat.-18:00／Sun. Closed／Map P.176

Whole Foods Market／
Kahala Mall, 4211 Waialae Ave., Honolulu／808-738-0820／7:00-22:00／Map P.177

Duck Lee／
2919 Kapiolani Blvd., Honolulu／808-735-5378／10:30-21:00／Map P.177

Big Island 70% Dark
Hibiscus
Chipotle Allspice

6日目

冷凍食品で
クッキング！の日。

日本ではほとんど気にすることもない冷凍食品。でも、ハワイではなんだかとっても気になる存在。スーパーに行くたびに「あれもこれも試してみたい」となり、とうとう、いろいろ買い込んで試してみることに。さてさて、お味はいかに？？？（K）

ごはんを作る前に、まずは腹ごしらえ

makoto

丼ものとサンドイッチを、僕はよく作る。なんでものせれば丼になるし、同じくなんでも挟めばそれなりのサンドイッチになるからだ。しかも、どちらも手軽においしく食べられる。そんな僕が最近はまっているのが、アボカドディップをバター代わりにパンにぬって、なんでも挟んじゃうというもの。森のバターと言われているアボカドは、たいていの食材に合うし、ヘルシー感を味わえるから、ちょっとぐらい食べ過ぎても「大丈夫、大丈夫！」という気持ちにさせてくれる。と言いつつ、この日はいつもよりこってりした感じにしたかったので、みんなの目を盗みつつ、普通のバターもぬっちゃった！

とにかく、まずはサンドイッチを作って、いくら簡単調理の冷凍食品と言えど、オーブンで温める時間がかかったりするので、その間の待ち遠しさを紛らわせるようにしておくのだ。

冷凍食品パーティー、開催！

レストラン『カリフォルニア・ピザ・キッチン』の冷凍ピザは、4種のチーズがのった豪勢なもの。オーブンで9〜12分、表面にこんがり焼き目がつくまで焼くだけ。クリスピーな生地と、とろとろチーズがよく合っておいしかった。タバスコをかけてどうぞ。

kaori

アメリカの冷凍食品は日本のものとまずスケールが違う。ピザなんて何人前？？？っていうくらい、でかいのだ。パッケージもいちいちかわいくて、箱だけとっておきたくなるものもいっぱい。だから私はずっとずっと前から、スーパーに行くたびに「好きなだけいろいろ買って、あれこれ味見してみたい！」と思っていたのだ。もちろん、友人宅などでちょこっとは食べたこともあるけれど、冷凍食品だけを、というのはなかなかない（まぁ普通、日本でもハワイの家でもあまりないことだとは思う）。が、今日は“冷凍食品パーティー”といった感じであれこれ試してみた。写真に残ったものは、おいしかったものたち。次のコンドミニアムでのごはんの参考にしていただければ幸いです。

エルモのパッケージにひかれて買ったオーガニックパスタ。よーく見るとパスタの形がエルモになっててちょっとドッキリ。トマトソースはやや甘めなので、大人が食べるのならこちらもタバスコやコショウなどをプラスしてパンチをきかせたほうがベター。そうそう、サイドにはカットした野菜もついてました。

makoto

たぶん僕だけだと思うけど、冷凍食品の箱を開けるときはいつもワクワクする。『グリコ』のキャラメルに付いてたおまけの箱を開けるときみたいに。どうしてなのか、自分でもまったくわからないけど、きっと箱と中味のギャップを良くも悪くも楽しんでいるんだと思う。ときには、箱の写真より想像以上においしそうなものが出てきたり、ときには「ありゃ？　こんな少ないの？」みたいなものが出てきたり、そしてときどき、ほんのときどきは「あーあ、見た目は良いのに……」というものもあったりするからおもしろい。逆に、「冷凍食品といえど侮るなかれ」な味も結構ある。最近はオーガニックのものやヘルシー志向のもの、有名レストランのものなど、多種多様で驚くほどレベルアップしていて、おおよそ期待通りの味が楽しめる。冷凍食品はアメリカの食卓をさらに簡素化する優れものなのだ!?

実はこれ、マコトが一番気に入っていると言ってはりきって購入したもの。パイの中にチキン入りのクリームシチューが入っていて、外側のパイを少しずつ崩しながら、クリームと合わせて食べると、レストランの味みたいなんだから！と言っていたのに、あぁそれなのに……。真っ黒焦げになってしまいました。それでもマコトは「中は食べられるんじゃない？」と、ほじっておりましたけどね。

なんとサイミンの冷凍バージョンも。水を入れ、レンジで2分。その後、粉スープを加えてレンジで1分チン。これでOK。けれどもディレクション通りにやると、麺がやわらかくなりすぎてしまう感じ。私的には水をもう少し少なめにして1分半。それからスープを加えて30～45秒でどうだろう？と考え中。

『ジッピーズ』のチリソースとビーフ＆ビーンズはマコトのお気に入り。温めてご飯にかけるだけで、あの味に！

ちょっと豪華なクラシックラザニア。ラザニアの感じといい、ミートソースといい、比較的しっかりした味付けで、悪くない。チーズもそこそこのっていて、ちゃんととろけた感じがミートソースにからまっていい具合。これで白ワインでもあれば、もうそれでOK！なひと皿。

左はマカダミアナッツ入りの香ばしさと、バニラのこっくりした味わいがミックスしたアイスクリーム。ハワイメイドです。右は『スターバックス』のアイスクリーム。パッケージのかわいさもさることながら、しっかりいちご感がある濃厚な味わいのもの。クッキーに挟んで食べるのが好き。

一番大好きなリリコイとマンゴーのアイスクリーム。『ホールフーズ・マーケット』の入り口入ってすぐのデリコーナーの脇辺りにある冷凍庫内で見つけたもの。こちらもハワイメイドですが、名前忘れました（笑）。最初、口に入れるとねっちり濃い味わいなのに、後味はさっぱりのお風呂上がり向きな一品。

ついでに、お気に入りのアイスクリームとヨーグルトもご紹介♪

kaori

コンドミニアムの大きな冷凍庫があると、ついつい買い込んでしまうアイスクリーム。私よりもダンナが特に好きなので、大きなカップのものを買っておいて、お風呂上がりに食べたりしている。最近のお気に入りは、この４種のアイスクリームとパッケージ買いで成功したヨーグルト。

ジャケ買いして成功した、かわいい羊のイラストがプリントされたヨーグルトがこちら。ストロベリー（右）は下のほうにソースがたっぷり詰まっているので、これをよーく混ぜて食べるのがおすすめ。プレーンはコクがあるけれど、甘くないのでファーマーズマーケットで買ったはちみつをちょこっとたらして食べるとよりおいしい。そのときヨーグルトはよーく冷やしておくこと。はちみつがちょっと冷えて飴状になってこれまたうまいのですよ。

これも『ホールフーズ』で。しっとりクッキーに、クリーミー感たっぷりのアイスが分厚くサンドされたクッキーアイス。アイスクリーム好きでもなかなかチョコレート味には手を出さない私が、このチョコレートチップのアイスだけはちょこちょこ食べたくなって買ってしまう。チョコチップのプチプチとアイスクリームのクリーミーさ、それがクッキーにしみ込んでしっとり。いやぁ、たまりません！

小腹が減ったら、
これを買う！

kaori

さすがに冷凍食品だけじゃ、お腹がすく。そんなとき頼りになるのが、はずれなしになんでもおいしいオーガニックスーパーのデリ。好きなサイズでサラダ、フルーツ、クスクス、デザートなどあれこれ選べるのがうれしいところ。

今日はメロンやパパイヤが入ったオーガニックフルーツカップ＄2.49とキューカンバーデリサラダ＄8.49（1パウンド）などを。小腹が満たされたところで、夕飯までしばし散策といきますか。

Down to Earth ／ 2525 S. King St., Honolulu ／ 808-947-7678 ／ 7:30-22:00 ／ Map P.177

Kokua Market ／ 2643 S. King St., Honolulu ／ 808-941-1922 ／ 8:30-20:30 ／ Map P.177

ORGANIC
0.37 lb
$3.55

Pau Hana!

makoto

ハワイでも日本と同様、仕事の帰りに同僚と一杯やるというのはよくあること。もちろん、おうちでも普通にごはんを食べるみたいだけど、その前にちょっと一杯という感じで、飲んでいる人たちが多い。

夕方にちょこっと飲みに行くところとして考えると、僕はホテル『モダン・ホノルル』のプールサイドのバーが好きだ。ヨットハーバーの向こうの海に静かに沈んでいくサンセットを見ながら「今日も一日、仕事頑張ったな！　明日も良い仕事ができるといいな～」と、素敵な時間を過ごす。泡の少ないドラフトビールを片手にのんびりと、仲間たちと他愛のない話をしながら……。そして、愛する妻と子どもたちが待っている家路に急ぎ、楽しく夕飯を食べるというわけだ。

ん？　僕の場合はそんな感じじゃなかったか。日によって仕事が終わる時間が違うし、周りの人は飲めない人が相当多い。そんでもって、子どもたちが待ってる家はハワイにはない！　ただそうしたいと思って、このバーに来てるだけだった。チェッ、今日も一人テキーラだ！

The Bar at Sunrise Pool ／ The Modern Honolulu, 1775 Ala Moana Blvd., Honolulu ／ 808-943-5800 ／ 11:00-22:00 ／ Map P.176

column

Pho の話

20年以上前にドキドキしながらやってきた思い出のお店。一番大好きなフォー・ガー（M）$7.25は、Mが一番小さいサイズ。全体的にさっぱり薄味。ライムを搾って、もやしをたっぷりのせてナンプラーと辛み味噌を入れてカスタムして食べるのが好き。ベトナムアイスコーヒーもおいしい。

Huong Lan ／ 100. N.Beretania St., Honolulu ／ 808-538-6707 ／ Mon.-Tue.&Thu.-Sun. 8:00-17:00 ／ Wed. Closed ／ Map P.176

トウフ＆ベジタブル・ヌードルスープ、S $7、M $7.50、L $8。
ワイキキのこの場所で15年という老舗。高い天井とブルーの内装も好きなところ。

Pho Tori ／ 1307 Kalakaua Ave., Honolulu ／ 808-953-2279 ／ 10:30-14:30（Lunch）、17:30-21:30（Dinner）／ Tue. Lunch Closed ／ Map P.176

kaori

お昼どき、何かと食べたくなるのがフォー。ライムやレモンを搾って、もやしや香草をたっぷりのせたスープは、さっぱりして胃の調子をととのえてくれるように思う。米でできたツルツルの麺がまた、このスープによく合うのだ。私が一番よく頼むのは「フォー・ガー」という鶏肉入りのもの。ハワイにはあちこちにフォー屋さんがあるけれど、最近よく行くのはこの3軒。チャイナタウンのは味というよりも、屋台風の雰囲気が好きなところ。

シュリンプワンタン麺$4（これはフォーではないです、すいません）。チャイナタウンのマウナケア・マーケット・プレイス内にあり。

Triple One Fast Food ／ 1120 Maunakea St., Honolulu ／ 808-533-4264 ／ Mon.-Sat. 6:00-18:00、Sun. -16:00 ／ Map P.176

フォー以外にも生春巻きなどベトナム料理が充実しているお店。ここもまた、るーさん（前出）に教えてもらったところ。アラモアナセンターに近いので小腹がすいたときに。

Garden Cafe ／ 401 Atkinson Dr., Honolulu ／ 808-946-8688 ／ Mon.-Sat. 8:30-21:00 ／ Sun. Closed ／ Map P.176

makoto

うん、フォーは本当に何かと食べたくなると僕も思う！　朝でも、昼でも夜でも、深夜でも。そして今は、ライスヌードルではなく、エッグヌードルでフォーを食べたい気分。あれ？　エッグヌードルにしちゃうと、「フォー」じゃなくなるのかな。フォーって米麺を使ったヌードルのことだったよね？　とにかく、フォーをどうでもいいと思う人はいると思うけど、嫌いな人ってあまりいなさそう！

special-1

ロコ・フードを習ってみました！

kaori

ロコ・フードは何もプレートランチで食べるだけのものじゃないのだ。どこの家でも、そこの家なりの味付けがあって、代々受け継がれていくらしい。日本で言うところの煮っころがしとかなのだろうか？ いわゆるおふくろの味的な感じ!?

料理を教えてくれるクム・カレンさんは優しい笑顔が印象的な、いかにもおいしいものを作りそうな人。今日は、ひいおばあちゃんの代からずっと作り続けてきたというビーフ＆トマトを教わることに。

カレンさんの料理は“手早くチャッチャと”が身上のよう。何よりいいなぁと思ったのが、「味が濃かったら水を足せばいいし、足りなかったら濃くすればいい」という大らかなところ。本人の雰囲気ともぴったりの料理なのだった。でき上がった料理はもちろん、最高においしかった！　ご飯に「ゆかり」がふりかけてあるっていうのが、なんともハワイらしい、よね。

〈上〉料理を習う、というよりは作ってもらうという感じ!?　ただ見てるだけの我々…
〈左〉この人がカレンさん。ふんわりしたワンピースがお似合いのかわいい人でした！

cooking

クム・カレンさん流「ビーフ&トマト」の作り方

材料（作りやすい分量）
ビーフフランクステーキ1～2パウンド　トマト（大）2個　タマネギ2個　セロリ2本　ピーマン1個　あさつき3本
A［ヤマサしょうゆ1カップ　砂糖1/2カップ　みりん2テーブルスプーン　にんにく2片　しょうがの厚切り2～3切れ］
B［コーンスターチ2テーブルスプーン　水3/4カップ］　オイル適量

作り方
1，ビーフは筋に沿って3本の棒状に切ってから斜め薄切りにする。トマトはヘタを取ってぶつ切り、タマネギは1.5cm幅に切って水にさらす。セロリは筋を取って薄切り、ピーマンは種とヘタを取り、薄切りにしてから3等分の長さに切る。あさつきは食べやすい長さに切る。Aのにんにくは包丁の腹でつぶす。しょうがは棒状に切る。
2，ボウルにAとビーフを入れ、20分ほどマリネする。ざるに上げ、マリネ液とビーフを分ける。にんにくとしょうがは取り出す。
3，フライパンにオイルをしっかり熱し、2のにんにくとしょうがを加え、炒める。いい香りがしてきたらビーフを加え、表面の色が変わるくらいまでざっと炒める。いったんボウルに取り出し、汁のみフライパンに戻し入れる。
4，2の残りのマリネ液とタマネギを3のフライパンに入れ、中火で炒め煮にする。タマネギがやわらかくなったらセロリとピーマンを加え、さらに炒め煮にする。野菜に火が通ったら（シャキシャキ感が残るくらいでOK）3のビーフを戻し入れ、ひと煮する。
5，合わせたBを4に半量加えてなじませ、とろとろになってきたらあさつきを加えてざっと合わせる。仕上げに残りのBを加え混ぜ、トマトをのせて火を止める。

どかーんと大量にでき上がったビーフ&トマト。食べきれるかなぁ、と最初は心配しましたが、まったくその心配は無用だった。マコト、デザイナーの茂木さん、私の3人でぺろり、平らげました。それにしてもおいしかったー！

lanai island

ホノルルから小さな島へ、
ショートトリップ！

ラナイへ。

以前オアフ島にあった大好きなコーヒーショップは、
10年ほど前にラナイ島に移転した、と聞いていた。
どうしてももう一度行きたい。その話を聞いてからずっと思い続けていた。

懐かしの『コーヒー・ワークス』を目指して

kaori

20代の頃、お金がたまると、とにかくハワイへ出かけていた。よく通ったのが、『アラモアナショッピングセンター』の先の『ワードセンター』内にひっそりとあった『コーヒー・ワークス』というコーヒーショップ。お店が近付いてくると、コーヒーのいい香りがしてきて、ウキウキしたものだ。

細長い店内の両脇にあった高い棚にはハワイのドレッシングやソース、はちみつなどのほか、アメリカらしいポップなデザインの食材がぎっしり並べられていた。真ん中のカウンターには“本日のコーヒー”がいくつかポットに入れてあり、カップをとって自分でコーヒーを入れて会計をする、というシステムだったように記憶している。

会計カウンターの上に置かれた大きなガラスケースには焼き立ての手作りクッキーやマフィンがギュッギュッと並んでいて、最後はそれを指さし、出してもらっていた。好きだったのはチョコチップが入った手のひら大のクッキーや、バナナが混ぜ込んであるマフィン。お店の外にある小さな椅子とテーブルで、それを食べるゆるい朝ごはんやおやつの時間が大好きだった。その頃はまだ、こういったお店も今ほどなかったし、『スターバックス』があちこちにあるような時代ではなかったから、とにかくお店はいつも混み合っていて、みんな背中と背中をすり合わせるようにして、細長い店の中を行き来していた。

そのうちワイキキにもたくさんのお店ができ、そうしょっちゅうここへは来なくなった。ある日、ものすごく久しぶりに訪ねてみると、すでにお店は移転した後で、すっかり様子が変わっていた。

「ラナイ島に引っ越した」という話をマコトから聞いたのは、それからずいぶんたってからのことだった。「あったねー！そのお店。俺もよく行ってた」と懐かしそうに話してくれた。そのとき、いつか機会があったらラナイ島に行き、今の『コーヒー・ワークス』を見てみたいね、と話していたのだ。それが今回、叶った。

というわけで、懐かしのお店に会いに、ラナイまでやってきた。

さて久しぶりの『コーヒー・ワークス』はどうだったのかというと、当時のオーナーはお店を手放し、違う経営者になっていた。お店のロゴもマグカップのマークも同じままだったけれど、雰囲気は以前とは違っていて、ちょっぴり悲しくなった。けれども、訪ねてみたことに意義があったと思う。なぜなら、ワクワクしながらハワイを楽しみはじめていた自分を思い出せたから。もちろん今でもその気持ちに変わりはないけれど、目にするもの何もかもが新鮮だったあのときの、ホットな気持ちがよみがえってきたことに感謝した。あの懐かしい看板を目にしたとき、ふと泣けてしまったことが、なぜだか自分でも不思議だったけれど、今ならわかる気がしている。

一番の目的を果たしたので、ドライブに出かけよう！ということになり、島を一周近くぐるりとしに出かけてみることに。

Coffee Works ／ 604 Ilima St., Lanai City ／ 808-565-6962 ／ Mon- Sat. 7:00-15:00、Sun. -12:00 ／ Map P.178

COFFEE WORKS
OPEN

レンタカーで、島をぐるっとドライブ！

makoto

竹を割ったようにカラッとした性格のアカザワさんが珍しくしんみりしている。でもチャンス！『コーヒー・ワークス』は変わったかもしれないけれど、このラナイ島本来の姿は変わらない。きっとこれからも、そうそう変わるものではないよ。だから元気出してー！

この島は、実際にぐるりと一周はできないけど、山道（恐らく猟師さんたちが使う道）に入れば、なんなく半周、いや1/3周ぐらいはできるみたい。そんな道があるということを知ったのは、この島にやってくる間に読んだハワイアンエアラインの機内誌からだった。すごくワイルドな写真が載っていて、いつもは弱気の僕でさえも冒険心に火がつくような記事だった。そして今回、時間があったらぜひぜひ行ってみたいと思っていた。そのチャンスこそが、アカザワさんがしょげてる今だ！と思ったのだ。ここで、姑息に小さく自己主張をすれば、必ず通る！　よし！「ねえ、気晴らしにドライブでもしてみようよ？　元気出しなよー」

「うーん……。いいよ、ちょっとなら付き合ってあげても」

やった！しめしめ（元気ないときでも上から目線の返事だけど……）。というわけでした。

前回モロカイ島の山の中でさんざんな目にあったアカザワさんは、絶対こういうワイルドなことを嫌がると思っていたので、本当にラッキーでした。『コーヒー・ワークス』、ありがとう。イエ〜イ！

島で唯一の『ダラー・レンタカー』は、空港から車で約5分のところにある。車を借りるともらえるこのマップが超使えるのだ。

さっそく、もともとパイナップル畑だったであろう畑道らしきところから、さらに獣道のようなルートへグイグイ入ってみる。そこは以前走ったモロカイ島の山道に比べればずいぶん走りやすく、運転しながらでも景色を楽しめるくらいの道だった。木々の間から見下ろすと、島の反対側であろう海岸線までも見ることができた。急な坂を上ったり下ったりして、どんどん山の中に入っていくと、いよいよ車1台がやっとの思いで走れる程度の細い道になっていく。ここからが冒険だ！　道が分かれたり、木々が邪魔をして運転しづらくなったりと、どんどん面白くなっていく。

とうとう、山頂らしきところにたどり着いた。その場所はなんと雲の上で、小さなラナイ島が一望できそうなぐらい、見晴らしが最高。こんな素晴らしいところがあったんだと、ただただ感激してしまった。

またひとつ、僕らの“秘密の場所”ができた感じだった。ただその頃にはすっかりいつものアカザワさんに戻って、みんなを仕切っていた。チェッ、僕の主張はここまでだったか……。短かっ！

Dollar Rent a Car ／ 1036 Lanai Ave., Lanai City ／ 808-565-7227 ／ 7:00-19:00 ／ Map P.178
＊ラナイ島は保険が適用できませんので、くれぐれも注意して安全運転でお願いします。

ラナイ島の冒険

makoto

僕の冒険心に、ちょっとだけ火がついた。

小さくて観光スポットも少ないラナイ島は、一見「ホテルしかない退屈な島」と思われがちなのだけれど、そんなことはまったくなかった。

実際、ジープを借りて島の中を動いてみると、ドキドキできる、おもしろい名所にたくさん出会った。そのいくつかを紹介したい。

まずは観光地として有名な「ガーデン・オブ・ゴッド（神々の庭園）」（P.94）。自然の岩なのに、なぜか上手に配置されていて、そこに夕方の斜めの光が当たる様子は「本当に神様たちの庭なのかな？」と思わせるほど神秘的。静かで、風の音だけしかしない。僕も神様になっちゃいそう。でも、ほかの神様たちが「それはあり得ない」って言ってる声もするけど……。

そこからもっと奥に進むと、今度は誰もいない広くて長いビーチにあたる。ここは「ポリフアビーチ」というらしい（P.90）。野ネズミたちがたくさんいて、ちょっと気が引けたが、

何よりもビーチが美しかった。残念ながら海流が強すぎてここでは泳げないので、美しい絶景を見に行くための場所、って感じだ。

もうひとつ、島の中心地から北西にのびている道を通ってアクセスできるビーチがある。名前は「シップレック・ビーチ」。ある程度砂が深くなる前に車を止めて、西の方向に少し歩いて海の方を見てみると、そこに沈没船がある。その船からこのビーチの名前がつけられたのだ。車ではアクセスできず、とにかくトコトコ歩いて行ってはじめてビーチと船を目にすることができる。まさに“冒険”なルートなのだ。

シップレックビーチから東へ進むと、未舗装だけど車を走らせることができる道がある。途中には古い教会（Ka Lanakila o Ka Malamalama Church）があり、誰もいないその教会で、僕はちょっと不思議なパワーを感じた。教会の先もさらに道は続くのだが、その途中で僕らはさすがにちょっと疲れてきて、岩が多くなってきたカーブの上り坂で、リタイヤした。今回の僕の冒険はこのぐらいで十分だったが、いつかまたもっと奥まで行ってみたい。

街のカフェでの
おいしい出会い

kaori

まずは街一番と評判の『ブルー・ジンジャー・カフェ』で朝ごはんを。マコトはハンバーガー＄4.50。私はどーんと大きくて素朴なパンケーキ＄2.50とマカロニサラダ＄1.50を。街の人たちでにぎわう、この雰囲気にスルッと身体を預け、しばしゆるゆると過ごす時間がたまらなくいい。

makoto

あまり知らない店に入るときは、そこで働いてる人か、食べているローカルの人に「ここのおすすめって何？」と聞く。この店ではそれは「ハンバーガー」だった。店同様、まったく気取りのない素朴なハンバーガーだったけれど、今思い起こすと、あのごくごく当たり前のハンバーガーだからこそ、また食べたいなあという気持ちになる。意外と“ごく普通”ってないしね！

街一番の人気だという食堂『ブルー・ジンジャー・カフェ』。いつまでも島のみんなに愛される存在であり続けてほしいな！

Blue Ginger Cafe ／ 409 7th St.,Lanai City ／ 808-565-6363 ／
Mon. & Thu.-Fri.6:00-20:00、Tue.-Wed.-14:00、Sat.-Sun.6:30-20:00／Map P.178

ラナイシティの
ごはん屋さん巡り

〈右〉島できっと唯一のアイスクリーム屋さんにも行ってみた。甘いもの好きのデザイナー茂木さんのセレクトは、マンゴー＆リリコイとタロイモのアイスの２種。おいしかったな〜。
〈左〉フォーシーズンズホテルで働くサトナカさんが教えてくれたポキボウル。ここのを食べないと、ラナイに来たとは言えないよ、くらいなことを言っていたけれど、ほんと、その通り。プリプリのマグロとやさしい味付けがよく合っているポキだった。

kaori

ラナイ島の街の中心にあるカフェや食堂は、そうたくさんあるわけではないので、今回全部入ってみた。が、どこもびっくりするおいしさだったことに、マコトも私もちょっとショックなくらい驚いた。観光客目当てという感じでもなく、ゆるーくロコたちが出入りしている感じのお店ばかりなのに、だ。いや、だからこそなのかも。参りました！

お昼に入った『Cafe 565』も、とにかくおいしかった。特にハウススペシャリティは何を食べても大正解！　みんなでまわし食いしながら、あれこれ堪能しました。

Cafe 565 ／ 408 8th St., Lanai City ／ 808-565-6622 ／ Mon.-Fri. 10:00-15:00,17:00-20:00、Sat. 10:00-15:00 ／ Sun. Closed ／ Map P.178

Lanai Ohana Poke Market ／ 834 A Gay St., Lanai City ／ 808-559-6265 ／ Mon.-Tue.&Thu.-Fri. 10:00-17:00 ／ Wed.Sat.Sun. Closed ／ Map P.178

街でたったひとつの資料館

kaori

ヘリテージセンター（歴史資料館）好きの私たち。ここでもちょっくら覗いてきた。珍しい貝殻の標本から、かつてパイナップル畑があって栄えていた頃の島の様子や人々が着ていた服、当時の看板など、かわいいもの、興味深いものがいろいろありました。

makoto

今、ラナイ島には3000人程度の人たちしか住んでいないらしい。一時期パイナップル産業で栄えていたという、決して大きくはないこの島の姿や歴史を知ることができるのが、このヘリテージセンター。

この島に移り住んだ後、ここから出ることなく毎日毎日パイナップルを作ることに精を出していた人たちがたくさんいたのだろう。そういった人たちが島を支えてくれたおかげで、僕らはこうしてこの島を、そしてハワイを楽しむことができるんだ。なんて、柄にもないことを思いつつ、見学させてもらった。

〈上〉セピア色の写真に映っているのは、パイナップル畑で働く人々や当時の島の様子、家など。ひたすら一面に広がっているパイナップル畑は、今はまったく見ることができなくなってしまった。
〈下〉島でとれる貝殻の標本があまりに美しくて、ついつい見とれてしまった。

The Lanai Culture&Heritage Center ／
Old Dole Administration Building, Suite 118
730 Lanai Ave., Lanai City ／
808-565-7177 ／ Mon.-Fri. 8:30-15:30、
Sat. 9:00-13:00 ／ Sun. Closed ／ Map P.178

森の中で過ごす、静かなハワイ

〈右〉山の合間に作られた美しいゴルフコースは人気が高いコースです。
〈左〉ホテル入口までまっすぐに続く、パインツリーが美しい並木道。

kaori

こんなハワイもあるんだな、というのが初めの印象だった。整然と並んだノース・フォーク・パインツリーの並木道の奥に、この旅の宿『フォーシーズンズ・ロッジ・アット・コエレ』があった。ドライなこの土地に雨を降らせるために植えられた、たくさんのノース・フォーク・パインツリーは、不思議とここがハワイだということを一瞬忘れさせる。濃い緑のせいだろうか？　整然さだろうか？　それとも、パインツリーとは関係なく、ちょっとヨーロッパを思わせるこのホテルの上品な造りと手入れの行き届いた庭のせいだろうか？　いつものハワイとは違う重厚な雰囲気にすっかり魅了されてしまった。

ロビーには大きな暖炉があった。夜になると火が灯され、その周りに置かれたカウチに寝転んで本を読んでいた人がいたことにも驚いた（さっそく気分を出すため、自分も真似してやってみた（笑））。何度も思ったのは、今さらだけれど「こんなハワイもあったんだ」ということ。正直、この印象は初めてのことだった。

夕飯前、庭をぶらりと散歩していたら、トトトトーッと目の前を走り去るものが……。なんと野生のターキーだった。オアフではなかなか見ることのない光景に感激。そして興奮。興味が尽きることのない島であることには違いない。

Four Seasons Resort Lanai The Lodge at Koele ／ 1311 Fraser Ave., Lanai City ／ 808-565-4000 ／ Map P.178

ゲストルームはこんなに余裕のある造り。ファブリックはクラシックなチェックや花柄でまとめられている。

〈右〉このロビーの雰囲気、ヨーロッパにある山のロッジのようでしょ⁉

Thank you and Good bye, Lanai !

kaori

　最終日に泊まったのは、島唯一の街に近い『ホテル・ラナイ』。ハワイな感じのファブリックや木の使い方が自分的にしっくりなじむ場所だった。ベッドもシャワールームのシンプルな造りも、そして大好きなレモンイエローの外観も良かった。ありえないけれど、いつか家を建てることがあったとしたら真似したい箇所が満載！　と、興奮してしまった。そしてさらに、朝起きたら興奮する出来事が……。

　カーテンを開けると、ものすごい数のターキーが庭をざわざわ歩いていた！　20羽以上はいただろうか。間近で見ると、意外と大きいのだ。が、別にこちらに何をするわけでもないので大丈夫（私がちょっとびびりーだっただけでした……）。

　そんなこんなでラナイへの小さな旅も終わり。またひとつ、知らないハワイをたっぷりと味わった旅だった。

Hotel Lanai ／ 828 Lanai Ave., Lanai City ／ 808-565-7211 ／ Map P.178

まるまる一日
食い倒れ！の日。

7日目

食べて、食べて、食べまくった日。特に予定があったわけでもなかったし、なんだか調子よく胃袋が動いていたので、その隙に……。それにしてもよく食べたなー。（M）

『リリハ・ベーカリー』で好きなもの

makoto

ええ〜い！　食べちゃえ〜！　食べたいもの食べなきゃもったいないと思うから、いいの、いいの！　朝からステーキ、大好き〜！　それにEgg……。カロリーよりもおいしく食べるほうが大切。

昔、両親がたまに連れて行ってくれた洋食屋のハンバーグには、上に目玉焼きがドンとのっていて、少年だった僕は、それをハンバーグと一緒に上手に切り分けては、ほおばっていた。ここでステーキにA-1のソース（僕が大好きな市販のステーキソースです。ハワイではわりとどこのスーパーでも売っているし、レストランでもさりげなくしょうゆのそばに置いてあるので使ってみて！）をかけて、それと一緒にぐちゃぐちゃにした目玉焼きをほおばると、なんか子どものときのあの幸せな時間までも思い出す。特に『リリハ』のステーキ＆Eggsは、僕的にはハワイナンバーワンと思えるほど、おいしくて懐しい味なのだ！

Liliha Bakery ／ 515 N.Kuakini St., Honolulu ／ 808-531-1651 ／ 24 hours（Tue.6:00-Sun. 20:00）／ Mon. Closed ／ Map P.176

kaori

『リリハ・ベーカリー』はパン屋さんとダイナーがくっついたようなお店。お店を入って右側一列のみのカウンター席が、ダイナーになっている。ここではマコトも私もいろいろ大好きなものがありすぎて、いつも迷う。今日もまた迷ったけれど、遅めの朝ごはんということで、少々ヘビー級ではあるが、スルスル胃袋に収まってくれそう、との勝手なイメージからビーフシチューをオーダー。ビーフシチューといってもドミグラス色が強いブラウン色のものではなく、ハワイのビーフシチューはこんなふうにオレンジ色に近い。さっぱりした味わいなのに、コクもちゃんとあるのがうれしいところ。ブラウンライスと交互にスプーンですくって口の中に入れ、ミックスさせて食べるのが好き。今日のごはんは、ハワイのさっぱりビーフシチューからスタート。

お次は
シェイブアイス対決!!

今年で33年目になるというシェイブアイス屋さん。オープン待ちしている人もいるほど大人気。プリンは早い時間に売り切れてしまうのでお早目に。

kaori

シェイブアイスに関しては、一応意見が分かれたので2つともご紹介。私が好きなのは82歳になるという台湾人の黄おばあちゃんが毎日手作りしているという、『アイス・ガーデン』の昔懐かしい味わいのプリンがのったシェイブアイス。しっかり卵の味がする、ちょっぴり塩けのあるプリンと濃厚なミルク、それにふわふわの氷の組み合わせは想像以上によく合うのだ。でも、おばあちゃんはいつも「さらに、ここにあんこと白玉をのせたほうがおいしいのにー」とおすすめしてくれる。それも自分でせっせと手作りしているから、ということ。今度はそれを食べてみようっと。

Ice Garden ／ Aiea Shopping Center, 99-080 Kauhale St., Aiea ／ 808-488-5154 ／ 12:00-17:00 ／ Map P.175

ちなみにこの日は、僕、マンゴーとリリコイのコンビネーションをいただいちゃった！　S ＄3、L ＄3.75、Bowl ＄4.50。あずき、コンデンスミルク、モチボール、アイスクリーム、クリーミーハウピアなども¢50～で追加オーダー可。

makoto

『アイス・ガーデン』……捨てがたい……。やっぱりおいしい！　でもでも、『シマズ』は、オーナーが子どもの頃から「こういうシェイブアイスがあればいいのに……」と思い続けて、たどり着いたというシェイブアイスで、本当に充実度が高いのだ！　さすが本気のシェイブアイスフリークが考案しただけある。こだわり抜いて調合しているシロップはもちろん、氷も程よい具合にシェイブされてるし、量もがっつりだし、言うことなし。

いつも混んでいて、ほとんど日陰がない場所で順番待ちしてるせい？おかげ？か、氷がより一層おいしく感じちゃうほど。まさにシェイブアイスの総合演出的極みと言えるところではないかと思うのです。

Shimazu Store ／ 330 B N.School St., Honolulu ／ 808-371-8899 ／ Tue.-Sun. 11:00-18:00 ／ Mon. Closed ／ Map P.176

makoto

「白いシャツに必ず茶色のワンポイントがついちゃうんだよね〜」と思いつつ、オーダーしがちな「カレーうどん」。僕はハワイでここのカレーうどんが一番だと信じていて、カレーうどんが食べたくなったら、必ずここに来る。それは昔からで、学生の頃もお金を貯めては食べに来ていた。普段あまり自己主張できないのに、デートだろうとなんだろうと、食べたくなったら無理矢理でも来ちゃうぐらい、むしょうに食べたくなってしまうのです。愛おしいあの子のワンピースに茶色のワンポイントが付いても「ごめんね、ごめんね」と言いながら、それでもカレーうどんを食べてしまうほどでして……。きっとカレーうどんを一層好きにさせてくれたのは、このお店だったと思うんだなぁ。僕にとってここはカレーうどんの初恋だったんだ。今度行くときは、裸でいけばいいや！　ウソです。

Lunch は さっぱりツルツル、Jimbo のうどん！

kaori

「宇宙の流れとともにうどんも進化していかないと……」と語るオーナーの作るうどんは、もっちりした食感とツルッとした喉ごしがおいしい。

ここに来るのは胃をととのえたいときや食欲がないとき。ここのものならするっと胃袋に入っていってくれるから。お気に入りは、納豆ぶっかけ＄11.10。納豆、オクラ、のり、大根おろしがのったうどんに、つゆをぶっかけて食べるもの。特に暑い日は、とにかく食べたいと思ってしまう一品なのだ。マコトは、だしがきいたカレーうどん。オーナーの一番のおすすめは、カリッとした天ぷらがついた天ざる＄11.90。正直、ハワイでここまでのクオリティの天ぷらが食べられるとは……、と感動できること間違いなしの代物だ。みんな何かしらひとつは好きなものが出てくるのがここのお店のすごさ。ということは何を食べてもおいしいってことなのだ。

Jimbo ／ 1936 S.King St., Honolulu ／ 808-282-8376 ／ Mon.-Sun. 11:00-14:50（Lunch）、Mon.-Thu. &Sun.17:00-21:50, Fri.-Sat. -22:30（Dinner）／ Map P.177

今一番のお気に入りは、
Barのピザ！

makoto

ピザ、好きです、アメリカ人。ハワイにもおいしいピザ屋さんはたくさんあります。『JJ.Doran』とか『Bar 35』とか、『BOSTON PIZZA』とか。でも僕の最近一番のお気に入りは、2年前にオープンした『Vラウンジ』のプリマ$16というピザ。パンチェッタ、タマネギ、ハマクア・アリイ・オイスター・マッシュルーム、タイム、パセリ、モッツァレラチーズ、卵、トリュフオイルが入った贅沢なもの。これをアツアツのうちに半分に折ってほとんどひと口でほおばるのがいつもの食べ方。トリュフの香りがきいてて、ちょっと考えただけでも食べたくなっちゃう一品なんです。

アラモアナの裏手のちょっとわかりにくい場所にあって、お店の雰囲気もちょっぴり暗い感じで、アメリカのバーそのもの。だからちょっとしたデートのときは、よくここへっていうパターンになる。

他にプロシュート・ルッコラ$15、マルゲリータ$14もおすすめ。パンチェッタ、プロシュート、トリュフオイル、バジル、タマネギ、ナス、スモークド・モッツァレラチーズなどもプラスできるから、自分好みのピザを楽しむことができるのも魅力だと思う。あー、やばい！　お腹がすいてきた〜〜〜！

V Lounge ／ 1344 Kona St., Honolulu ／ 808-953-0007 ／ Mon.-Sat.17:00-AM5:00 ／ Sun. Closed ／ Map P.176

部屋に戻って
お腹がすいてもいいように…
ワインのお供、ペースト対決！

kaori

私のお気に入りは、『ホールフーズ・マーケット』のアーティチョーク・レモンペースト。アーティチョークのペーストにレモン、ニンニク、パセリ、パルメザンチーズ、レッドペッパーフレークを加えたシンプルなものだけれど、程良い酸味とチーズのコク、それにアーティチョークが合わさった味は、すばらしくおいしい！　買ってきたパンやクラッカーにつけて簡単なつまみにしたり、ゆでたてのパスタに和えたり、ゆで豚やゆで鶏につけても抜群のおいしさを発揮してくれるのだ。あ、サラダのドレッシングにしてもいいし、野菜スティックにつけるだけっていうのもおすすめ！

ファーマーズマーケットで買ったズッキーニをさっと焼いて、ドサッとのせて食べてみたけど、これもすっごくよく合う〜。ぜひ、試してみてほしいです！

Whole Foods Market ／ Kahala Mall, 4211 Waialae Ave., Honolulu ／ 808-738-0820 ／ 7:00-22:00 ／ Map P.177

Koko Head Foods Ltd. の Smoked Ahi Spread。大豆、レモン、ビネガー、タバスコ、タマネギ、タマリンドがスモークされたマグロと混ざり合った味は、高級ツナマヨネーズを味わっている感じ。クラッカーにのせるだけでつまみになるし、野菜につければ“似非ヘルシー”にも。まだ試したことはないけれど、ゆでたてのパスタに和えて、ちょっとしょうゆをたらしてもおいしいような気がしている。$7.99

makoto

僕のお気に入りは、スモークド・アヒ・スプレッド。「ただのペーストでしょ」と思いきや……何？　この口いっぱいに広がる太平洋のような、というか大海を泳ぎまくったマグロのすばらしさを実感させるかのような味は！　危ない！　おいしすぎる！　こんなものが世の中にあるなんて。どうして今まで僕は知らなかったの？　刺身だけがマグロじゃなかったの？　……そのくらい衝撃的な出会いだった。今でもめっちゃ愛してます。皆さんもぜひ、僕の大げさな感想にだまされて食べてみてください。きっとお口の中に夢と希望が広がるはず。

たいてい『フード・ランド』というスーパーにありますが、確実にゲットするなら、『R Field』という『フード・ランド』の中にあるワインショップを訪れてみて！

Food Land R. Field Wine Company ／ 1460 S.Beretania St., Honolulu ／ 808-596-9463 ／ 10:00-20:00 ／ Map P.176

8日目

海へ行くぜ！の日。

潮の満ち引きによって海の真ん中に砂浜ができる不思議な場所、カネオへのサンドバーにみんなで行こうね、とずいぶん前から話していたけれど、なかなか実現できず……。今回はようやく実現となりました！（K）

時間のない朝は玄米むすびで！

kaori

ハワイにいるとなぜだか朝ごはんを必ず食べる。例え時間がなくっても。そんなときに頼りにしているのが、『ダイヤモンドヘッド・マーケット＆グリル』の玄米むすび。ほんのり甘みのあるシャケがのった玄米のサーモンむすび＄3.75は、おいしくて胃にもやさしいもの。クルマでブーンと行って、サクッと買ってむしゃむしゃ食べるのだ！

Diamond Head Market&Grill ／
3158 Monsarrat Ave., Honolulu ／ 808-732-0077 ／
6:30-21:00 ／ Map P.177

チャイナマンズハットも
こんなに間近だよ〜！

いざ、船で
サンドバーへ出発！

kaori

ようやく願いが叶ったー。みんなで船でやって来ました！　この日は気持ちの良い晴れ。カネオへのハーバーから船でおよそ15分ちょっと。着きました、サンドバー。途中、のんびり泳ぐ亀に何匹も遭遇し、のっけから興奮気味の私を待ちうけていたのは、ほぼ砂浜というくらい浅い海に（まわりは深い海なんですよ、でもここだけ足首くらいまでしか海水がなくなる時間帯があるのです）ぼよよ〜んとのん気に泳ぐ、でかいハリセンボン。かわい―――！

ここは、そうだなー、夢の中でこんな場所があったらおもしろいだろうな〜って子どもの頃想像していたようなことが現実になったような不思議な場所。もしも天国があるのなら、きっとこんなところなんじゃないかって思う感じなのだ。周りを見回すとツアーや地元の人たちの船が、にぎやかにぐるっと浅い海を取り囲んでいた。船でバーベキューをしている人あり、砂浜にネットをたててビーチバレーをする人たちあり、さまざまに海を楽しんでいる様子。私たちは持ってきたパンやチップス、ディップなどで、早目のランチに。2時間ほど、ぼーっと海を見ながら船で昼寝したり、ちょっと泳いでみたりした後、帰宅。まるで子ども時代の夏休みのように真っ黒に日焼けして、疲れたのか、この日はびっくりするくらい早寝。それにしても気持ち良かったなー。何するわけでもないけれど、あんなに気持ち良いんだから、やっぱ、いいよね、ハワイはさ。

makoto

海の中に人が立ってる！　人魚？　あ、普通の人か……。そういえば、以前ここで撮影したことがあった。そのときなぜか、一人で1時間ほどここに置いてきぼりにされた。雨が降ってきて、寒くなって、寂しくなって。そんなことを思い出したら、船から100mも離れるのが恐くなって、船の上でムシャムシャ、バスケットの中のものを食べ続けちゃった。何かあるといけないと思って。

でも、この景色は本当に絶景だ。アカザワさんが言うように天国のような場所なのかも。船の揺れも気持ち良いし、サンドバーに寄せる波の音もちょうど良いし、天気は良いし、雲はゆっくり流れてるし、中国人が海の中で帽子かぶってるし、なんか特別だなぁ。はぁー、それにしても眠いな。

バスケットに詰め込んできたのは、チップス、フルーツをカットしたもの、
ディップ、スイートブレッドなどなど。
ほとんどがすぐ食べられるものばかり（笑）。
何ひとつヘルシーなものは入っておらず……。

Look, Turtle!
There!
Where?
Just kidding!
...,Oh,
HumuHumu, there!
What? Where?
JUST KIDDING~!!

こんなに浅いんです！
だいたい足首くらいまでしかない中をじゃぶじゃぶ入っていくと小さな魚がたっくさん。
ときどき、うっかりこっちに来ちゃった、びっくりするくらい大きな魚もいたりして。
なんか子どもにかえってはしゃいじゃったのだ。

Lu'au • Beef Lu'au

幻のポイの味

makoto

またしても、ポイは売り切れだった。

カネオへというオアフ島の東のほうの街はずれにこの“ポイ屋さん”はあるのだけれど、僕は今のところ一度もここのポイにありつけたことはない。

緑がないのかな？　本当はポイを作ってないんじゃないかな？　ハワイアンの人しか買えないのかな？　と、いろいろな思いを馳せながら、雨の多いこのエリアを背に、いつもがっかりしながらタウンに戻って来る感じだ。

僕のハワイアンの友人が「あそこのポイは、オアフで一番おいしいぞ！」って、ずーっと昔から言っているので、ぜひぜひ食べてみたいのに。

僕は、昔、ポイが大嫌いだった。というより、食べると喉につかえそうで、苦しかったのを覚えている。だけど今は、ハワイアンのレストランに行くと、ご飯よりポイを好んでオーダーすることが多い。そのくらい、ポイのおいしさを感じられるようになったのだ。きっと、いろいろ経験していくうちに、おいしいポイの食べ方がわかってきたのだと思う。だからこそ、ここのポイがどのくらいおいしいものなのか、すごく知りたい！　これからもあきらめずに、縁がないと言われようが（自分で思ってるだけですが）、僕はここのポイを求めて突き進むのだ！

Waiahole Poi Factory ／ 48-140 Kamehameha Hwy., Kaneohe ／ 808-239-2222 ／ Thu.-Sun. 10:00-15:00 ／ Mon.-Wed. Closed ／ Map P.175
＊できたてのポイは木曜7〜10時と、金曜11〜14時に出されます！

火、水、木は17：30-18：30のハッピーアワーも。スモークドアヒやスペシャルバーガーなども楽しめます。斜め前にオープンしたばかりの姉妹店『Salt』もお酒がよりおいしくなるフードが充実。

12th Avenue Grill ／ 1145C 12th Ave., Honolulu ／ 808-732-9469 ／ Mon.-Thu.17:30-21:00、Fri.-Sat. -22:00 ／ Sun. Closed ／ Map P.177

『12th アベニュー・グリル』の マカロニ＆チーズ

kaori

7年前にオープンし、またたく間に人気となったカイムキのごはん屋さん。アメリカ、イタリアなどいろいろな国の料理を上手にミックスし、良いものは取り入れる、っていうラフなスタイルがウケている理由のよう。私がここに来るときは、大好きなマカロニ＆チーズを食べるとき。「ベイクド・マカロニ＆チーズ」となんだかすごい正式名称がついているここのマカロニ＆チーズは名ばかりではなく、中味もそれ相当。なんといってもクリーミーさが違うのだ。粉で作る、マカロニ＆チーズのジャンクさは微塵もなし。チーズはペコリーノ・ロマーノをスモークしたものをふんだんに使っているのだとか。どうりで上品なわけだよ、そしておいしいわけだよ。とマコトとともに納得。その他の料理も、ナロファームの野菜やシンサト・ファームの豚肉など、素材ひとつひとつもちゃんと選んで、丁寧に作られているのがわかる味。だからどれを食べてもはずれがない。そこもいい！　けれどもまずはやっぱりこのマカロニ＆チーズを一人ひとつずつオーダーしてしまう俺らなのです。

中鉢くらいのボウルにこんもりと入ったマカロニ＆チーズ$7。
こんがりサクサクのパン粉とチーズを合わせたものと
クリーミーなマカロニを合わせながら食べるのがおいしい。
大きめのスプーンで思いきり大きく、すくってほおばるときの幸せったら、
もう……。
そうそう、タバスコも忘れずに、ね。

column

『パイオニア・サルーン』の上品なプレートランチ。マコトが選んだコリアンスタイルヤキニクビーフ（左）と私のお気に入り、ハンバーグステーキポン酢（右）各＄8。Kaori

プレートランチの話

kaori

プレートランチとひと言で言っても、最近はものすごく充実してきている。おかずは、ただ肉を焼いたり揚げたりしているんじゃないし、グリーク風サラダが入っていたり、トマトでチキンを煮込んであったり、おいしくておしゃれなものが多い。ご飯も白飯だけじゃなく、玄米、サフランライス、炊きこみご飯まで選べるところも。

なかでも二人そろって大好きなのは『パイオニア・サルーン』のもの。どれを食べてもおいしいけれど、私はポン酢かデミソースかを選べるハンバーグステーキがお気に入り。優柔不断のマコトは毎回違うものが一番好きになっているけれど、今日はコリアンスタイルヤキニクビーフが気分だったよう。ご飯は五穀米とわかめご飯をセレクト。日本人シェフ・ノリさんが丁寧に作っているだけのおいしさがあちこちに感じられる。こんなに充実していておいしくて、このお値段。いやぁ、すばらしー！

もうひとつ私が好きで好きで仕方がないのが、『ダ・スポット』のプレートランチ。ここのチキントマトが最高！　フレッシュなトマトがチキンのふっくらジューシーと合わさって、そりゃーもう♡。サフランライスにも、カッテージチーズと野菜を和えたサラダにもよく合う。ここのものは完全にプレートランチの域を超えていると思う。

店構えからはちょっと想像しにくい、
ちゃんとした味の料理を出してくれるのが、
ここ『クック・ストリート・ダイナー』。
こういう雰囲気のお店がうまいのは、万国共通だよね！
この日、僕が選んだのは「BASA $9.75」。BASA はカジキのこと。
鯖じゃないよ。トマト、ケッパー、タマネギが入ったソースが
かかったヘルシーな感じでした。
ちなみにこれは Catch of The Day ！ Makoto

見よ！
このボリュームを！
ボックスから
あふれんばかりの盛りを！
これも『ダ・スポット』の魅力。
KCC ファーマーズマーケットでも
食べられます！ Kaori

Pioneer Saloon Plate Lunch ／ 3046 Monsarrat Ave., Honolulu ／ 808-732-4001 ／ Tue.-Sun.11:00-20:00 ／ Mon. Closed ／ Map P.177

Da Spot ／ 2469 S.King St., Honolulu ／ 808-941-1313 ／ Mon.-Sat.10:00-20:00 ／ Sun. Closed ／ Map P.177

Cooke Street Diner ／ 605 Cooke St., Honolulu ／ 808-597-8080 ／ Mon.-Fri. 5:30-14:30、Sat. 6:30-14:00 ／ Sun. Closed ／ Map P.176

ときには贅沢して
サンデーブランチへ。

9日目

ときどき、ほんと、たま〜に贅沢しに行くのがホテルのサンデーブランチ。ここでたっくさん食べて、のんびりしたらホテルの部屋の見学に出かけたり、バイクショップで自転車を見に行ったり、ゆるーく街を散策。夕方早目からは、夕陽に染まったダイヤモンドヘッドを眺めつつ、ビールで乾杯！　な、いろんな意味で贅沢な一日。(K)

コーヒー、紅茶、ジュースなどがついて大人一人$60。スパークリングワインつきは大人一人$72。もちろん、私はスパークリングワインつきにしました！　マコトは運転があるのでジュースで。

1996年よりこのスタイルでずっと続けているというカハラのサンデーブランチ。通常、ディナータイムのみの営業の『ホクズ』で昼間、海を見ながら、という時間を楽しめるとあって、いつ行ってもすごい人気！『ホクズ』のディナーで人気のアヒむすびもこのサンデーブランチでオーダーできるのです！

一番のお気に入り、
カハラのサンデーブランチへ

kaori

毎週ってわけにはいかないけれど、たま〜にだったら許されるよね、ということで、ごくたまに気持ちのアップと栄養補給と心のなごみを兼ねて出かけるのがホテルのサンデーブランチ。なかでも最近、我々的にかなりLoveなのが、ここ『ザ・カハラ・ホテル＆リゾート』のサンデーブランチ。サンデーブランチというと、ブッフェの混み合った感じが苦手だったけれど、ここはまったくそんなことを感じさせない、ゆったりとした雰囲気。さすがカハラ！

メニューは、エビ、カニ、オイスター、お刺身などの海鮮もの、寿司、ラム肉、チーズ、スープ、野菜のグリル、ソーセージ類、ハッシュブラウン、天ぷら、エッグベネディクト、サラダ、フルーツやクリームをふんだんに使ったデザート（チョコレートの滝まであった！）などなど。あまりの充実ぶりに迷いに迷って、恥ずかしいくらい何度もフロアをウロウロしてしまったほど、すごいのだ。

海を見ながらおいしいものを食べつつ、ゆるやかに過ごす日曜の朝って、普段、あまり経験がないせいか、かなり癒される。忙しすぎたり、心が疲れたりしたら、またここに来てなごみをもらおうっと。

Hoku's ／ The Kahala Hotel&Resort, 5000 Kahala Ave., Honolulu ／ 808-739-8760 ／
Sun. 10:00-14:00（Sunday Brunch）／ Wed.-Sun. 17:30-22:00 ／ Map P.177
＊サンデーブランチは10:00、12:00の2回の受付。要予約。
＊お得情報!!『ホクズ』の下のカフェ『プルメリア・ビーチ・ハウス』では
金、土の15:00-19:00のみハッピーアワーが。ププ（おつまみ）が$6〜8。ワイン、ビールはなんと半額！

THE BIKE SHOP

最近はまっている自転車。
今日は最新型をレンタルしようかな!?

makoto

エコ、エコ！　もしかしたら誰かにだまされてるのかもしれないけど、でも、やっぱり自力で動くのって、気持ち良い。しかもハワイは意外と自転車でも十分な範囲を網羅できるし！　ということで、あまり知られていないけれど、ワイキキ近郊で本格的な自転車をレンタルできるところを皆さんにご紹介させて！

ワイキキでのレンタルバイクは、わりとマウンテンバイクかビーチクルーザーが多いけど、ここは違う！　ロードレースや本格的なマウンテンバイクなどを貸してくれるお店、それが『ザ・バイク・ショップ』。1～4日間だと1日＄40。つまり、2日間借りると＄80、3日間だと＄120ということ。5～7日間は＄200、7日以降は1日＄28と、意外にリーズナブルな値段でレンタルできるんです（種類にもよるので詳しくはお店でよろしくです）。自転車を借りて、ホノルルの行きたいところへ自由に、風を感じながら行ったら、最高に気持ちが良い！　こういうハワイもアリだと思うんです。

The Bike Shop ／ 1149 S. King St., Honolulu ／ 808-596-0588 ／ Mon.-Fri. 9:00-20:00、Sat. -17:00、Sun. 10:00-17:00 ／ Map P.176
＊アイエア、カイルアにも支店アリ

穴場ホテルを探せ！ホテルのお部屋拝見

kaori

だいたいいつも宿泊するホテルやコンドミニアムは、決まったところになりがち。だけど、他のホテルの部屋を見に行くのって、意外とおもしろい。なので最近はちょこっと時間ができると「あの～、ちょっと部屋を見せてください」とフロントでお願いして、あちこち見て回っている。

この本の担当編集古俣さんから教えてもらったのはカラカウア通り沿い、Macy' sのある『ホリデーイン・ワイキキ・ビーチコマー』。「最上階の角部屋、めちゃくちゃいいですよ！　時間あったら見に行ってみてください」と。なぬ～、そんなにいいなら見に行かなくては！　とさっそく出かけてきた。ほんとー！　ラナイからの眺めはカラカウア通りに面しているだけあってダイヤモンドヘッドとワイキキビーチを美しく見渡せるものだった。しかも、部屋もこのクオリティと落ち着き。私の大好きなBath&Body Worksのアメニティを使っているのも気がきいてる。

とまぁ、こんな感じに意外なところにお値打ちの部屋ってあるもの。次に泊まろうと狙っているのはここよりも少し安めの某ホテルのペントハウス。こんなふうに探してみると、意外な造りや眺めに、おもしろ、驚きの経験ができるかも、よ。

Holiday Inn Waikiki Beachcomber Resort ／ 2300 Kalakaua Ave., Honolulu ／ 808-922-4646 ／ Map P.177
＊オーシャンビュールーム＄179～
＊ゲストルーム内には無料の高速インターネット完備

〈上〉インテリアは落ち着いていながらにしてハワイの雰囲気が楽しめる造り。ラナイからは海とダイヤモンドヘッドがどーんと見渡せます。
〈左〉フロント階にあるカフェレストランは、サーフミュージアムにもなっていて、昔のワイキキビーチの様子がわかる写真やアンティークのサーフボードなどが展示されていました。抜けの向こう側にはプールがあり、なんとも開放的な気分が味わえますよ！

『クイーン・カピオラニ』のバーで、夕暮れ少し前に1杯

kaori

少し前にリニューアルして、昔の素敵な風情がなくなってしまったかなと心配していた『クイーン・カピオラニ・ホテル』。久しぶりに肖像画でも見ようと上まで上がってびっくり。寂れてほとんど人が入ってなかったプール脇のレストランバーは驚きの変貌を遂げていた。ちょっと大げさだけど、それくらい素敵に変わっていた。以前よりもダイヤモンドヘッドが全面にドカーンと見える抜けの良さ、シンプルな店内の造り。カウンターに座り、ビール片手にくるりと椅子を回すと、そこに見えるのは悠々とそびえ立つダイヤモンドヘッド。これほどの贅沢があるだろうか。ため息が出まくりなほど、その眺めは何度見ても飽きることのない美しさなのだ。すいているのも、いい。なんか、この景色を独り占め、そんな感じなのだ。余談だけれど、バーのゲストも使用するプールサイドのトイレは、なんとウォッシュレット。日本人としてはうれしい限り、ではないですか～？

makoto

……と、アカザワさんは言った。確かにのんびりできる素敵なバーだなと、僕も思う。でも……何かが足りないような気がした。ワイキキのバーなら、どこからともなくハワイアンが流れてくるのに、それがない。聞こえてくるのはスポーツチャンネルの音だけだった。でもそういうバーも、確かに良いのかもしれない。バックミュージックがないので、ゆったりでき、会話も弾むのである。きっと、ここは無理にハワイを感じる必要のないバーなのかもしれない。いや、でもこんなに近くにダイヤモンドヘッドがあるか……。なんてことを思いながら、チキンウィングをほおばると、あまりにもおいしい。むむむ、やっぱ、ここ穴場かも !!

Kulana Restaurant & Bar ／ Queen Kapiolani, 150 Kapahulu Ave., Honolulu ／ 808-922-1941 ／ 7:00-10:00（Breakfast）、15:00-17:00（Happy Hour）、17:00-21:00（Dinner &Bar）、21:00-22:00（Re Happy Hour）／ Map P.177
＊ Re Happy Hour があるのがいいね！

見てくださーい、このすっばらしい眺めを！　刻々と色を変えていく夕陽に染まったダイヤモンドヘッド。美し〜。

2011年3月にリニューアル。以前は抜けがなく、白い柵のようなもので囲われていたけれど、今はプールサイドからも気楽にドリンクをオーダーできるスタイルに。カウンター裏にはクイーン・カピオラニの巨大な肖像画が飾られた素敵なボールルームがあって、その眺めもまたいいのです！

フードも安くておいしい！　手前はピリ辛がおいしいキムチフライドライス＄4.50。奥はクリスピーな衣とふっくらジューシーなチキンのコンビがクセになる、ジャンボチキンウィング＄7.95。個人的には青のり×塩のフリカケシューストリングポテト＄3も大好物。

10日目

日本食が恋しくなった日は……。

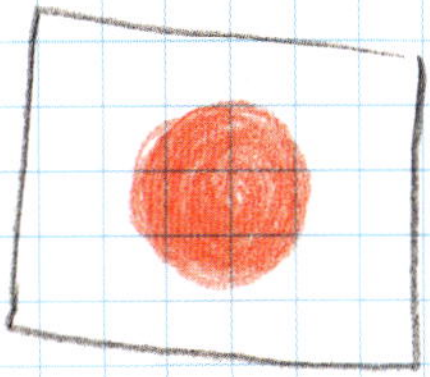

海外に行くと、必ず日本食が恋しくなる人とそうでない人がいると思う。私たちは、前者のほう。10日目とは限らず、なんとなく胃が疲れると日本食が恋しくなってしまうのだ。そんなわけでときどきこんな日をつくることもある……。(K)

朝から気張って、
ザ・和定食をば

kaori

以前、うちのダンナがマコトの友人に連れて行ってもらい、大層おいしかったと自慢していた和食屋さんがあった。『パークショア・ワイキキ』の1階にできてすでに30年という、その名も『義経』。夜もおいしいらしいが、一番のおすすめは朝の和定食。というわけで、さっそく食べに行ってきた。

ダンナの好物は焼き方をオーダーできるたらこ定食。その他にも鮭塩焼き定食、鯖や秋刀魚の塩焼き定食など焼き魚が充実。小鉢は日替わりで、この日は切り干し大根を煮たものだった。マコトと二人で焼きたらこと鮭塩焼きをそれぞれ頼む。お互い、どちらにするか決めかね、結局半分したら交換するということで納得し、注文した。

とはいえ、ワイキキで、しかもホテルの中での和定食。そんなに期待はしていなかった。が、それは大間違いだった。ふっくらつやつやに炊き上がったご飯としっかりだしのきいたシンプルなみそ汁、気のきいた小鉢。そしてなんと言ってもメインの焼きたらこの大ぶりさと皮はこんがり、中が半生な加減がパーフェクトだった。もちろんそれは鮭塩焼きにも共通していた。すべて注文が入ってから焼きはじめるという真摯な姿勢で続けているのだという。30年間ずっと職人さんが変わることなく同じ人、というのもすばらしいし、なかなかあることじゃない。どうりでまっすぐな味がするわけだ。ハワイで、和定食。なんか不思議だけれど、これもまたハワイだからこその、つながりなのかもしれない。

makoto

歳をとったのかな。日本食のすばらしさを最近ひしひしと感じる。日本人で良かったなってつくづく思う。

このお店は昔から知っていたけれど、最近しばらく来ていなかった。今回食べた朝食は、それはそれはおいしく、あらためて「ハワイでこんな純和風なごはんが食べられるんだ」と気付かされた。日本でも最近お目にかかれないほどの充実ぶり。しかもご飯はおかわり自由。気付けば3杯半も食べていた。

それからというもの、ハワイにいる間、頻繁にここに顔を出すようになっている。いつまでもずーっとそのままのかたちでいてほしいと、心から願うお店なのだ。

昼は昼で、刺身定食やお茶漬け、カツ重、天重、ちらし寿司など、
これまた魅力的なメニューがそろう。

Yoshitsune ／ Park Shore Waikiki, 2586 Kalakaua Ave., Honolulu ／ 808-926-5616 ／ 6:00-10:30（Breakfast）、11:00-14:30（Lunch）、17:30-22:30（Dinner）／ Map P.177

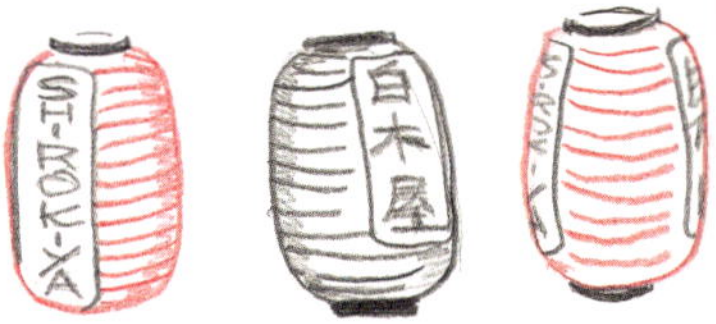

日本食といえば、ここをはずせないでしょ！

makoto

今でもときどき母に言われる。「お前が学生だった頃、ハワイのデパ地下みたいなところで、黒ずんだマグロがおにぎりみたいなシャリにのっかってるお寿司を、お前はおいしそうに食べてて……。哀れだな〜と思ったよ」と。

ふふふ、母さん、今の白木屋は違うんです！　とにかく日本食の充実度は、半端ないんですよ。ヘタをしなくても、日本のデパ地下に負けず劣らず、いや、むしろそれ以上かと思わせるほどなんです！　そして、さらに白木屋は進化し続けているのだ！　とにかく母さん、もう一度、食べに来てください！

と、言いたくてたまらないほど、今の白木屋は違うのだ。特に日本食の惣菜に関しては、ハワイで右に出るところがないほどの充実ぶりと、おいしさを保っている。

アラモアナで買い物しすぎて「もう疲れちゃったわ〜。ホテルでゆっくりしたい〜」と思ったら、ここの惣菜をちょこちょこっと買って、ホテルで食べる、というのも全然アリ。中にはハワイならではの日本食の惣菜もあるので、ぜひぜひ足を運んでみて〜。

Shirokiya ／ 1450 Ala Moana Blvd., #2250 Honolulu ／ 808-973-9111 ／ Mon.-Sat. 9:30-21:00、Sun. -19:00
(屋台村 Mon.-Sun. 10:00-22:00) ／ Map P.176
＊屋台村の Happy Hour は生ビールが $1 とめっちゃお得〜！

白木屋
屋台村ビヤガーデン

極めつけは、噂の寿司食べ放題！

kaori

前出（P.40）のるーさんご夫妻にまたまた教えてもらったのが、プリンスホテル内にある和食屋さん『Hakone』の週末和食ブッフェ。寿司がかなりおいしいらしい。なんとマコトも別ルートで同じことを前々から聞いていて「こりゃー、行かねば」と、またたく間に意見一致で晩ごはんが決まった。まずは予約を、といそいそ電話したらなんといっぱい！　そう、噂が噂を呼び、あっという間に予約がいっぱいになってしまうらしい。やむを得ず、翌日、と思ったらそれもNG。涙をのんで翌週に予約。で、いよいよ今日となった。

美しく刺身やすき焼き、おでん、かになどが並ぶ一番奥に、注目の寿司ブースがあり、日本の高輪プリンスホテルからハワイに来て20年というベテランの板さんが黙々と寿司を握っていた。鯛、平目、サーモン、大トロ、中トロ、えび、いか、ホタテ、はまちなどのスタンダードなネタからスパイシーロールといったハワイらしいものまで、まず種類の豊富なことに驚いた。にこにこ笑顔であれこれ教えてくれた板さんが特におすすめしてくれたのはマグロ。ここで使っているマグロはハワイもので、冷凍ものではなく生なのだそうだ。それがこんなリーズナブルな値段でいただけるとは！　話をしながら次々と目の前に寿司が並んでいく。平均すると、なんと1日に握る数は1000かん！　オープンと同時にこのブースの前は長蛇の列、こんなにたくさん握っていても、あっという間になくなる。しかもその場でオーダーも聞いてくれるので、本当に板さんはオープン後すぐに、てんてこまいなのだ。それでも笑顔を絶やさず、かつ美しく寿司を握る板さん。いやぁ、すばらしいです。ところでお味は、というと、これまた申し分なし。ついつい寿司ブース前に席を陣取りたくなる気持ちがよくわかる。みんななんとなくブースから近いところを狙っているような……。そんな意地汚いことを思っているのは私たちだけかしら？　それにしてもこのお値段で、この品ぞろえとクオリティ。ハワイの和食って、やっぱりすごい！

makoto

もじもじしながら、「ウニ、ウニ、それとウニください」。再びお寿司のブース前に並んで「う〜〜〜ん、ウニにしようかな？　あ、ついでにあと2つもウニで！」。　それからまた並んで、「あ、これ、大トロ？　じゃあこれを3つ」。あれ？　ウニってどんな味だったかな？　もうこの頃には恥じらいもなく「大将、もう1回ウニ3つ！」

なんて素敵なんでしょう！　こんなに充実したお寿司を食べられるところは、世界中探してもないのではないでしょうか。お寿司大好きの僕にとって、ここは秘密の花園？　パワースポット？　それともパラダイス？　いやいや、完全に“天国”と言える場所なのだ。

Hakone ／ Hawaii Prince Hotel Waikiki,
100 Holomoana St., Honolulu ／ 808-956-1111 ／
17:30-21:30、（寿司ブッフェは Fri.-Sun.）
／ Mon.-Tue. Closed ／ Map P.176
＊寿司ブッフェは大人 $53、6 ～ 10 歳 $26.50

THE HONOLULU HARBOR FISH
25¢
FISH FOO

11日目

脱力ハワイな一日。

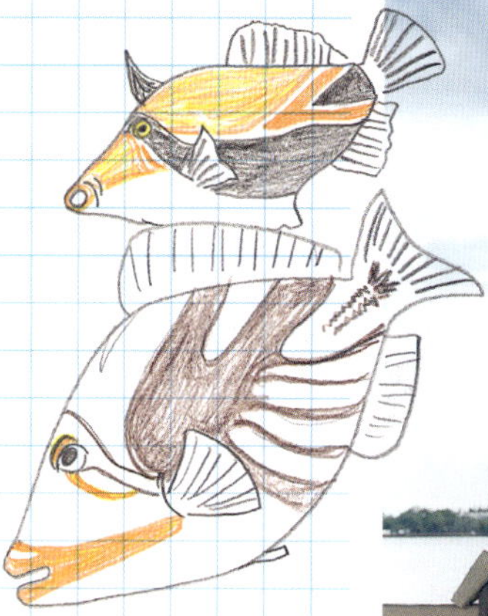

ゆるりーん、と過ごす一日。何も予定も立てないし、何も考えない。ただひたすら、ここハワイの気持ち良さを満喫するだけ。それだけしかしない、きっと一番贅沢な一日。(K)

ハワイでギリシャ!?

makoto

ギリシャ料理は、おいしくてヘルシー。野菜がいっぱいでお腹も満たしてくれて、いっぱい幸せを感じちゃう。

最近は、ギリシャ料理が食べたくなったら、パパッと買ってパパッと味わえるここによく来る。ダウンタウンの『SOHO』というクラブに隣接した、窓口だけでやっている小さなお店。とにかく、おいしいのだ。

なぜかハワイではみんなギリシャ料理が好きで、どこに行っても昼どきや夕飯の時間は混んでいる。ここもランチタイムは混み合うけれど、夕方までやっているので、時間さえ少しずらせば、すぐにおいしいギリシャ料理にありつけるというわけ。おいしい＆ヘルシーはやっぱりいいね！

Down Town Doner ／ 80 S. Pauahi St., Honolulu ／ 808-545-4714 ／ Mon.-Fri.10:00-18:00 ／ Sat.-Sun. Closed ／ Map P.176

人気店は"時間帯"を上手にずらして…

makoto

「グリルした野菜ってこんなにおいしいの!?」とあらためて思わせてくれたのが、このカフェ。今回、僕が頼んだラスティックベジタブル＄10.50も、野菜本来のおいしさを残しながら、甘みはしっかり引き出されている感じ。

アラモアナにこんなにおいしいお店があるのは、意外に知られていない。ここもお昼どきは列を成してるけど、早めに行ったりちょっと時間をずらせばスムーズに入れるので、覚えておいて！　あ、そうそう。オーダーの仕方は、まず左側にあるカウンターで食べたいメニューをチェックし、それをシェフたちに伝える。それからキャッシャーまで行って、ドリンクをオーダーし、お金を払うというスタイル。あとは好きなテーブルに座り、料理を待つのみ。

アラモアナでごはんに困ったら、絶対行ってみてね！

Nordstrom Cafe ／ 1519 Kapiolani Blvd., Honolulu ／ 808-953-6100 ／ Mon.-Sat. 9:30-20:00、Sun. 11:00-18:00 ／ Map P.176

ゆるゆるの極めつけは、港にいる！

kaori

いつからここに来るようになったのかは、もう覚えてない。きっとアロハタワーに用事がある誰かに付き合ってやって来て、ぶらぶらしていたときに偶然出会っちゃった、そんな感じだったと思う。

アロハタワーのショッピングセンターの脇辺り、大きな船がいつも停泊しているすぐそばに、その癒しの場所はある。目印はコインを入れてくるりと回すとカプセルに入ったおもちゃが出てくるガチャガチャのようなもの。黄色いそれには魚の餌が入っていて、¢25を入れると、カプセルに入っているでもない粒の餌が、ボロボロとそのまま出てくる。なので、まずコインを入れたら、出口に小さな紙のカップなり、友人の手の平なりを準備しておくことが大切。すでにおわかりかと思うが、この餌はすぐ目の前に見える海にいる魚にあげるもの。写真のブロック塀をちらっとのぞくと、ハナウマ湾かと思うほど、黄色やブルー、ストライプの魚が想像以上のかたまりで泳いでいる。餌をぱらりと撒くと、当然のように魚たちはさらに勢いつけて一群となって、餌に群がる。このとき注目したいのは、餌の前にある看板に記されたハワイ州の魚である「フムフムヌクヌクアプアア」が見られるときがあるということ。マコト曰く、この魚はわりと深いところで暮らしているそうで、そうそう見ることはできないらしいんだけど、それが意外と簡単にお目見えするのだ（笑）。おちょぼ口で餌を“はむはむ”している姿は実に愛らしい、そして癒される。だから私は、ごくたまぁにここに来て、餌を撒いては「フムフムヌクヌクアプアア」が顔を出してくれるのを楽しみに待つのだ。

THE HONOLULU HARBOR FISH
25¢
FISH FOOD
魚のえさ
25セント

トモコ先生のマッサージ

kaori

肩こりがひどい私に、マコトが「絶対好きになる先生がいるよ」と紹介してくれたのが、天使のような優しい顔でオイルマッサージを施してくれているトモコ先生。

もともとスポーツクラブでパーソナルトレーナーをしていたというトモコ先生は、今でもその技術力を活かし、カイムキにあるビクラムヨガのスタジオでインストラクターもしている。ヨガインストラクター歴11年。ハワイでライセンスを取得したというロミロミ歴は7年。ということで、人の身体を触れば、どこが痛いのか、今後どうしたらいいのか、といったことが即座にわかる。

「結構、自分の身体のことわかってない人、多いんだよね。人間の身体はよくできていて、鍛えれば鍛えるだけ変わるから、おもしろいのよ」と、教えてくれた。というより、叱られた（笑）。

そう、私は仕事柄、原稿を書くとなると一日中なんて軽いもんで、3〜4日は根が生えたように椅子に座り、同じ姿勢で原稿を書き続ける。もちろん、身体は凝り固まり、ときには右半身腱鞘炎、という意味不明なことにもなったりしているのだ。でもハワイにやってくれば、たいていのことはなくなり、またゆるりとした身体に戻れる。なんてことをトモコ先生に話した結果、の指導なのだった。

マッサージはホテルの部屋まで出張してきてくれる。今日は一日よく遊んだなーとか、疲れたなー、なんてときに来ていただき、自分の部屋でリラックスした状態でマッサージを受けられるという、すばらしいスタイル。肩こりなくせに、どこでマッサージしてもいまいちピンとこなかったうちのダンナも、トモコ先生にだけは厚い信頼を寄せている。すごくリラックスしたと同時に、びっくりするほど身体がゆるまったのだそうだ。

人に合わせて、その人とともに呼吸するかのように身体をほぐしていくトモコ先生。一度、体験したらまたすぐハワイに来たくなるほど、その腕前はすごい！　きっとそれは腕前もそうだけれど、トモコ先生の人間力、包容力、そんなことにも関係しているように思う。元気な天使！　それが私のトモコ先生に対する印象なのだ。

808-351-5038（出張マッサージ・カフナ）kahuna_lala@yahoo.co.jp ／ 8:00-23:00
808-284-3248（トモコ先生）／ 10:00-23:00
＊カードはNG。現金のみで。
＊トモコ先生に電話するときは『愛しのハワイ』を見て、と言うとスムーズです。

1時間チップ込みで＄72と良心的なお値段もうれしい限り。
希望によって時間も延長、縮小できるので相談してみて。
使用するオイルはアレルギーのないマカダミアナッツオイル。いい香りです。

ちなみにカイムキのヨガ教室にも行ってきたけれど、
これはこれでまた別の気持ち良さとすがすがしさがあった。
機会があったらまたやってみたいな。

最後の晩餐は『Nanzan Giro Giro』で

makoto

「ハワイならではの食材を上手に使った、京懐石料理を楽しめる」「毎月メニューが変わる」「予約時間は18時～と20時～スタートの2回限定」というのがここのスタイル。店構えはちょっとおしゃれ系のカジュアルダイニングで、とっても居心地が良い。日本式をおしゃれに楽しめるこういうお店は、今まで意外とハワイになかったような気がする。だから2011年早々にここがオープンして以来、数えるだけでも5回以上は行っている。ちょっと気取っておいしいものを楽しみたいときは絶対ここ。カウンターの中で踊っている……あ、いやいや、料理を作ったり、お皿を洗ったりしている板さんたちを見ては、「僕も明日から頑張るぞ～」と、励みにしているのだ。いつもおいしい料理をありがとうございます！　そして、これからもどうぞよろしくです！

kaori

出てくる料理の繊細さも、カウンターメインで＄50のコースのみというスタイルも素敵だけれど、なんといってもここをより素敵にしているのは、カウンターに立つ、料理人・松本さん。凛々しいお顔がとにかくカッコイイし、「ハワイでもここまでの日本食がいただけるようになったんだなぁ」と思わせてくれる腕前なのだ。だから最近は、あえて最終日の夜に、日本へ帰る自分と日本での自分をつなげる意味合いもあり、ここでおいしいものをいただくことにしている。

Nanzan Giro Giro／560 Pensacola St., Honolulu／808-524-0141／Mon.&Thu.-Sun.18:00~、20:00~（Start Time）／Tue.- Wed. Closed／Map P.176

Giro

column

ハンバーガー、バンザ〜イ!!

makoto

安く、おいしく、早く食べられる。この手の食べ物は、僕みたいな面倒くさがり屋にとって、なくてはならない、まるでビーチサンダルのような存在!?なのだ。

しかも最近、ファーストフードのハンバーガーが、前にも増しておいしくなっている。次から次へと新商品を開発し続けていることが味の向上に繋がってるのだろう。消費者の僕らにとってそれは本当に幸せなことなのだ〜！ハンバーガー、バンザ〜イ!!

『ジャック・イン・ザ・ボックス』は、昔の僕にとっては十分贅沢なハンバーガーショップで、他と比べても昔からおいしかったと思う。僕のなかで定番になってる、サーロインチーズバーガー$5.49は、その極みと言っても過言ではないくらい、うまい！　ハンバーガーパティがサーロインというだけあって、分厚くてジューシー。肉食ってるーって実感があるのがうれしいハンバーガー。黄色くてしっとり系のバンズに肉汁がしみ込んで、それがまたおいしい。野菜もたっぷりでびっくりするほど。肉々しいパティにトマト、紫タマネギ、ピクルスが入っているところに、さらにベーコン¢70をプラスするのが好きなスタイル！

Jack in the Box ／ 633 Kapahulu Ave., Honolulu ／ 808-735-2696 ／ 24 hours ／ Map P.177

今回は空港近くの『カールス・ジュニア』に行ったけど、パールリッジ・センター内にもお店があります。ハラペーニョバーガー＄4.39は“酸っぱ辛い”味わいがたまらなくおいしくて癖になる味。ハラペーニョ、タマネギ、トマト、チーズがたっぷり挟まっている。アカザワさんはシンプルなつくりのバーガーがいいとは言ってたけど、この辛さが僕はときどきむしょうに恋しくなる。この日はメニューに書いてなかったけど、「ハラペーニョバーガーある？」って聞いたら出てきたよ。

Carl's Jr. ／ 2140 N. Nimitz Hwy., Honolulu ／ 808-848-0480 ／ Mon.-Sat. 5:30-22:00、Sun. -21:00 ／ Map P.176

純粋なハンバーガーとは言えないかもしれないけれど、僕のなかでは立派にランクインしているバーガー。たまにヘルシーであっさりしたバーガーが食べたいと思うと、必ずここを思い出す。正確にはフィッシュサンド＄9.20と言われているようだけど、これはメニューに載っていない、いわゆる「裏メニュー」的なもの。衣をつけて揚げたジューシーなカジキマグロは、外はサクサク、中はふわっふわ。それにレモンを少し搾ってニンニクとバジルを加えたタルタルソースをかけて、葉っぱもたっくさんサンドして食べる。とっても優しいお味。アメリカでは、こういう細かいオーダーをしても、わりと融通を利かせてくれることが多い。自分だけのバーガーを食べられるって、嬉しいよね！

Nico's Pier38 ／ 1133 N. Nimitz Hwy., Honolulu ／ 808-540-1377 ／ Mon.-Fri. 6:30-17:00、Sat. -14:30 ／ Sun. Closed ／ Map P.176

special-2

自分に、友達に、いろいろ買いました！

今回のハワイみやげ

1,

3,

2,

4,

1,『ハイアット・リージェンシー』のスパ『ナ・ホオラ・スパ』で買ったOlaのVolcanic Flower Foot Scrub $22。角質を取り、ツルツルの脚に。南国の香りたっぷりのナチュラル素材で作られたOlaリップバーム$6もおすすめ。

2,『ロングス・ドラッグス』のステーショナリーコーナーでデザイナーの茂木さんが見つけてくれたハンコ。コートオブアーム（ハワイ王朝）とフムフムヌクヌクアプアアがこんなにくっきり。か、かわいい！

3,『ノード・ストローム』のトマト&バジルスープ。お店でも食べられるスープがビン詰めに。温めるだけでも十分おいしいけれど、仕上げにちょっと生クリームをたらしたり、野菜を加えてコトコト煮てみても。

4,“シンギングクマ”と、勝手に呼んでいるけれど、きっと正式な名前があるんだと思う。手のひらを押すと、たらこ唇が開き、歌ってくれるクマ。その愛らしさったら、もう！　やみつき！『ターゲット』にて購入。

omiyage

5,

7,

6,

8,

5, カメラマンのオリエちゃんがアンティーク屋さんで見つけたキラキラ美しい、スノードーム。「おみやげに買いましたー」とうれしげに見せてくれたけど、なぜか「ラスベガス」の文字が……（笑）。

6, ノースのファーマーズマーケットのリリコイブレッド。飽きがこないシンプルな味わいで、ケーキのようにしっとりしていながらにして、パンのように気軽。ほんのり、リリコイ風味なのもうれしい。そのまま薄く切ってむしゃむしゃ！
白ワインにも合うよ。

7, 今回、発見だったのは『キングス・ビレッジ』のファーマーズマーケット。ここにはほかに出ていないものが意外とある！ KCC やノースでも人気のミニミニはちみつもここで買えるしね。それからものすごくおいしくて合計 10 個も買ってしまったリリコイバター（パッケージもかわいい！）、それにしっとりした食感がおいしかったバナナブレッドもめちゃおすすめ！

8, 大好きなお店、『アンティーク・アレイ』でデザイナーの茂木さんが見つけてくれた古いアメリカのバーベキュークッキングブック。今回、バーベキューはしなかったけれど、次回のために勉強しておこうっと。

Special Thanks!

いつもお世話になっております！

makoto

　まさにこの言葉「いつもお世話になってます！」がぴったり。それくらい愛着を感じることができるエアライン。昔からハワイの他島やアメリカ本土に行くときには必ずお世話になっているし、今は日本に行くときにも使わせていただいている。意識的に「絶対ハワイアンに乗るぞ〜」と思ってはいなくても、気づくと「あ、またお世話になっちゃった！」という存在なのだ。まさに僕にとっての「空のお供」！

kaori

　空港にずらりと機体が並ぶ、この様が大好き。こんな鮮やかでかわいいイラストが機体に描かれているのも、いかにもハワイらしいなと思う。以前はネイバーアイランドに行くときにお世話になっていたけれど、今は羽田からも就航しているので、かなり便利になった。

　ハワイアンミュージックが流れる機内に入ったとたん、いきなりハワイ気分になれるところもいい。さらにおいしい機内食や陽気なキャビンアテンダントがハワイ気分を盛り上げてくれ、なんともゆるやかにハワイに向かってのテンションを上げてくれるのだ。

*羽田からの出航時間帯も働いている人に優しい、遅め出発になっているので、これまたありがたい限り。

Hawaiian Airline ／
ホノルル空港からハワイ諸島内（ハワイ、マウイ、モロカイ、ラナイ、カウアイ島）やアメリカ本土に就航。
2010 年より羽田空港、2011 年には関西空港、2012 年 4 月には福岡空港との就航を開始して日本でもさらに身近に。
日本語公式サイトではチケットを購入できるほか、マイレージプログラム『Hawaiian Miles』の登録も可能。
ハワイ各島の旅情報も充実です。
http://www.hawaiianairlines.co.jp/

記念にいただいた、ハワイアンエアラインのキーホルダー（非売品）。アロハシャツの端切れで作ったポーチにつけて肌身離さず愛用中。

Special Thanks!

ペパーミントグリーンにパイナップルが白抜きでプリントされた清潔感あふれるアロハとムームーがここの制服。ありそうでない、シンプルなデザインと、二人の笑顔にひかれて思わず写真を撮らせてもらっちゃいました。お世話になりました、ありがとうございます！

ダイヤモンドヘッドが目の前のナイスコンドミニアム！

kaori

宿を選ぶとき一番重要なこと、それはダイヤモンドヘッドがどう見えるか、ということ。私の場合、海よりもまず、常にこれが一番最初に気になるところ。『アストン・ワイキキ・サンセット』は、クヒオ通りから運河沿いに少し入った静かな場所に位置するコンドミニアム。今回初めてお世話になったが、すばらしかったのはこの眺め（P.182-183 参照）。リビングに入ったとたんドーンと目に飛び込んでくる姿に、興奮せずにはいられなかった。窓いっぱいに広がるその姿は、端から端までしっかりダイヤモンドヘッドが見えるもの。いやぁ、ここまでの眺めってそうそうなかった、と思わずため息が出てしまいました。そんなわけで暇さえあればリビングで何をするわけでもなく、ボーッとダイヤモンドヘッドを眺める、ということになってしまったくらい、ここからの眺めはすばらしかったのでした。朝、昼、夕暮れ、そして明け方と、さまざまな表情を眺められるのもこの特等席ならでは。

キッチンがシンプルで使いやすかったので、ごはん作りも楽しかったなぁ。そうそう、ここは大好きなアメリカの電化製品サンビームのものがそろっていたのもいいセンスだなぁと、一人感動。

スタッフも皆、フレンドリーで優しかった。一度ここを利用すると何度も、という人が多いというのもうなずける話。ゆっくり2週間ステイ、そんな予定が実現したら、またぜひお世話になりたいと思っている。

Aston Waikiki Sunset ／ 229 Paoakalani Ave., Honolulu ／ 808-922-0511 ／ 0120-080102（日本国内問合わせ先）
http://www.astonhotels.co.jp/oahu/waikikisunset ／ Map P.177
＊2ベッドルーム・ダイヤモンドヘッド $495 ～ 669
＊7泊以上でウィークリー・レートに。1ベッドルーム・スタンダード（定員5名）なら1泊1室 $154 ～

〈上〉部屋でくつろぐマコト。ソファーにごろりとなり、ここからダイヤモンドヘッドを見るのが、至福のとき。

〈左〉こちらはバスルームに設置されているドライヤー。白に赤い文字のアクセントがかわいい。こういう潔いデザインって、今はなかなかないからねー。

〈右〉これはサンビームのコーヒーメーカー。そう古いものでもないと思うけれど、シンプルなつくりは変わらずいい感じ。

気さくなベルボーイの二人。優しくて力持ち。いつでも「カオリー！」と声をかけてくれた。

Special Thanks!

便利さと、優雅さと、心地良さが一体になったコンドミニアム

kaori

コンドミニアムって、意外と“ちょうどいい広さ”の部屋に出会えることが少ない。リビングがやたらと広すぎたり、そうかと思うと、ベッドルームが異様に狭かったり。無理やり部屋を作っちゃったかな？っていうところもあったなぁ。そんななか、ここはリビングのゆったり感といい、ベッドルームの広さ、ベッドの幅のゆとり、バスルームの広さなど、申し分ない感じ。しかも私がお世話になった部屋には広〜いラナイとランドリールームまでついていたので、外に洗濯に出かける手間もなく、帰ってきたらサクサク洗濯機をまわしつつ、ごはんの支度を、なんてことができた。それからもうひとつ良かったのが、ベルボーイの明るく人なつっこいキャラ。これにかなりなごまされた。ホテルやコンドミニアムの玄関口に立つ彼らの雰囲気で、その宿のイメージは良くも悪くも変わると、いつも思う。ここに立つスタッフはすぐに私たちを覚えてくれ、いつも陽気に声をかけながら気持ち良く出迎え、見送ってくれた。ハワイの良さはこういうところにもよく表れているように思う。ほかではなかなか出会えない、通り一遍ではなく本当の意味でお客さんを迎える姿勢。そんなものがちゃんと存在しているんだと思う。

Outrigger Luana Waikiki ／ 2045 Kalakaua Ave., Honolulu ／ 808-955-6000 ／ http://jp.outrigger.com ／ Map P.177

＊キッチン付きは＄289〜、シティー・パークビュー（キチネット付）＄149〜、
1ベッドルームシティー・パークビュー・スイート（キッチン付）＄189〜

＊ゲストルーム内での無線 LAN 接続がフリー

＊7泊以上、60泊までのお得なロングステイプランあり

〈上〉見てください、この優雅なベッドルーム。幅広のベッドでは2～3回の寝返りも余裕。荷物もかなり広げまくっていたけれど、こんなに広々。
〈左〉小ぢんまりとしたエントランスは、ハワイらしく木とグリーンでまとめられている。

フロントから朝食まで、何もかも大好きなホテル

kaori

カラカウア通りに立つツインタワー、『ハイアット・リージェンシー・ワイキキ・ビーチリゾートアンドスパ』。ここには、夫婦でよくお世話になっている。

大好きな箇所もいろいろある。ダイヤモンドヘッドタワーのフロントがある階に飾られた古いフラガールのショーケースや、フロントに飾られたハワイ王朝にまつわる古い写真。木を上手に使ったゲストルームの雰囲気やラナイから見えるダイヤモンドヘッドとワイキキビーチの眺め、これもすばらしい！　朝ごはんもここに宿泊しているときは迷わずホテル内でとることが多い。ここのエッグベネディクトはどこのものよりも一番好きだ。スモークサーモンサンドやパンケーキもかなりイケている。そう、何を食べても味のバランスがピカイチなのだ。しかも目の前はビーチ。気持ちの良い風を感じながら、朝の時間をゆっくり過ごす、そんな贅沢が簡単に叶うところなのだ。

Special Thanks!

Hyatt Regency Waikiki Beach Resort and Spa ／ 2424 Kalakaua Ave.,Honolulu ／ 808-923-1234 ／
http://www.hyattwaikiki.jp/ ／ Map P.177
＊オーシャンビュー＄199～

Hawaii Islands Map

Map-1 Oahu オアフ島

＊本書のマップは、細い路地などを割愛した簡略図です。
縮尺率はマップにより異なります。

＊通り名は、以下の略語を使用しています。
Blvd. ＝ boulevard
Ave. ＝ avenue
St. ＝ street
Rd. ＝ road
Hwy. ＝ highway
Fwy. ＝ freeway
Dr. ＝ drive

＊マップ内の★はダラーレンタカー（P.91）の各営業所です。
ダラーレンタカー
http://www.dollar.co.jp

Kahuku Superette (P.40)
Laie
ライエ
ポリネシア文化センター
83
Kamehameha Hwy
Waiahole Poi Factory (P.127)
83
Koa Pancake House (P.55)
Kapiolani Coffee Shop (P.42)
Forty Niner (P.11、55)
Ice Garden (P.112)
H-3
Ani's Bake Shop (P.12)
Target (P.59)
Kaneohe
カネオへ
63
Kailua
カイルア
カイルア・ビーチ
Boots&Kimo's (P.55)
61
Lanikai Trekking (P.22)
Lanikai
ラニカイ
H-1
Waimanalo
ワイマナロ
72
マカプウ岬
ホノルル
国際空港
Honolulu
ホノルル
Map-2
92
Manoa
マノア
Waikiki
ワイキキ
ワイキキ・ビーチ
ダイヤモンド・ヘッド
Hawaikai
ハワイカイ
Koko Crater (P.26)
ハナウマ湾
ココ・ヘッド
★ Dollar Rent a Car (Honolulu Airport)
Kauai カウアイ島
Oahu オアフ島
Molokai モロカイ島
Lanai ラナイ島
Maui マウイ島
ハワイ諸島
The Big Island ハワイ島

Kamehameha Bakery (P.38)
Carl's Jr. (P.161)
Alicia's Market (P.65)
Ethel's Grill (P.62)
Nicos Pier38 (P.161)
Liliha Bakery (P.55、111)
Shimazu Store (P.113)
Huong Lan (P.82)
Triple One Fast Food (P.83)
Pancakes&Waffles (P.55)
The Bike Shop (P.137)
Down Town Doner (P.152)
Downbeat Diner&Lounge (P.24)
Dew Drop Inn (P.19)
Cooke Street Diner (P.131)
The Original Pancake House (P.55)
Nanzan Giro Giro (P.158)
V Lounge (P.116)
Shirokiya (P.146)
Nordstrom Cafe (P.153)
Garden Cafe (P.83)
Hakone (P.149)
The Bar at Sunrise Pool (P.80)
Food Land R. Field Wine Company (P.119)
Pho Tori (P.82)
N.King St.
Kalihi St.
Waiakamilo St.
N.School St.
Kuakini St.
Liliha St.
Nuuanu Ave.
Pali Hwy.
Dillingham Blvd.
Nimitz Hwy.
Auwaiolimu St.
Kalihi Channel
Kapalama Basin
Kapalama Channel
Sand Island Rd.
Hotel St.
Queen St.
Prospect St.
Pensacola St.
Wilder St.
Punchbowl St.
Kapiolani Blvd.
S.King St.
Beretania St.
Piikoi St.
Sheridan St.
Kaheka St.
Auahi St.
Ala Moana Blvd.
Kona St.
Exit 20A
Exit 20B
Exit 20C
Exit 21A
Exit 21B
Exit 22
Exit 23
61
92
モカウエア島
サンド・アイランド・ステートパーク
アロハ・タワー
イオラニ宮殿
カメハメハ大王像
ワード・センターズ
カカアコ・ウォーターフロントパーク
アラモアナセンター
アラモアナ・ビーチパーク
マジックアイランド
Map-2 Honolulu ホノルル
N
1000m

Oahu Ave.
Manoa Rd.
タンタラスの丘
Andy's Sandwiches&Smoothies (P.58)
★ Dollar Rent a Car (Waikiki)
E.Manoa Rd.
Manoa Rd.
University Ave.
Jimbo (P.114)
Da Spot (P.131)
Metcalf St.
ハワイ大学 マノア校
Dole St.
Exit 24A
H-1
Down to Earth (P.78)
Dole St.
Exit 24B
Young St.
Kokua Market (P.78)
Exit 25A
Duck Lee (P.65)
Outrigger Luana Waikiki (P.170)
Exit 25B
Jack in the Box (P.160)
アラワイ・パーク
Kenko Sokushin (P.28)
Keanu St.
Palolo Ave.
10th Ave.
12th Avenue Grill (P.128)
Waialae Ave.
Kilauea Ave.
Date St.
Winam Ave.
Ala Wai Blvd.
Kuhio Ave.
Kalakaua Ave.
Yoshitsune (P.145)
7th Ave.
8th Ave.
9th Ave.
11th Ave.
アラワイ・ゴルフコース
Zippy's (P.44)
Exit 26A
Lunalilo Hwy.
Exit 26B
Exit 27
Kulana Restaurant&Bar (P.140)
Whole Foods Market (P.65、118)
Aston Waikiki Sunset (P.168)
ワイキキ ビーチ
Kapahulu Ave.
Kanaina Ave.
Campbell Ave.
15th Ave.
17th Ave.
19th Ave.
21th Ave.
Kealaolu Ave.
Kilauea Ave.
ホノルル動物園
Paki Ave.
Leahi Ave.
Monsarrat Ave.
Diamond Head Rd.
Hoku's (P.134)
Diamond Head Market&Grill (P.121)
カピオラニ・パーク
Pioneer Saloon Plate Lunch (P.131)
Noeia St.
ダイヤモンド・ヘッド
Kahala Ave.
★ Dollar Rent a Car (Pacific Beach Hotel)
Food Pantry (P.21)
Hyatt Regency Waikiki Beach Resort and Spa (P.173)
Na Ho Ola Spa (P.14)
Diamond Head Rd.
The Beach Bar (P.31)
Maitai Bar (P.31)
Holiday Inn Waikiki Beachcomber Resort (P.138)

Polihua Beach
(P.92)
カエナ・イキ岬
ケアナパパ岬

Map-3 Lanai City ラナイシティ

Four Seasons Resort Lanai
The Lodge at Koele (P.104)
Hotel Lanai (P.106)
The Lanai Culture&Heritage Center
(P.101)
Queens Ave.
Dollar Rent a Car (Lanai)
(P.91)
9th Ave.
10th Ave.
Blue Ginger Cafe (P.97)
Lanai Ave.
Koele Ln.
Jacaranda St.
ドール
公園
Cafe 565 (P.99)
3rd Ave.
Ilima Ave.
Houston Ln.
Gay Ln.
4th Ave.
5th Ave.
6th Ave.
7th Ave.
8th Ave.
警察署
10th Ave.
11th Ave.
12th Ave.
13th Ave.
Kaumalpau Hwy.
マネレ・ベイ・
ホテル
Fraser Ave.
消防署
Coffee Works (P.88)
図書館
Lanai Ohana Poke Market (P.99)
N
200m
440
神々の庭園
ラナイ空港

Map-4 Lanai ラナイ島

難破船海岸
難破船
Shipwreck Beach (P.93)
マウナレイ岬
Garden of God (P.92)
430
Kanepuu
548m
Keomuku Rd.
Keomuku
ケオムク
カイネヘ・ビーチ
Polihua Rd.
Map-3
マンロー・トレイル
Lanai City
ラナイ・シティ
Puu Alii
853m
マカイワ岬
Lanaihale
1027m
440
Kaumalapau Hwy.
Manele Rd.
Waiakeakua
934m
440
マラパウ港
ラナイ空港
Naha
ナハ
Kaupili Rd.
フォーシーズンズ リゾート ラナイ アット マネレベイ
フロポエ・ビーチ
ママキ・ヘイアウ
スウィートハート・ロック
パラオア岬
N
5km

Thank you, Hawaii!
Mahalo!

赤澤かおり（あかざわ・かおり）

出版社にて雑誌、書籍の編集を経てフリーの編集者に。料理を中心に暮らしまわりのことについて編集するほか、ライフワークであるハワイについても熱い思いを執筆し続けている。時間ができるとすぐハワイに出かけてしまう、ハワイをこよなく愛する編集者。内野亮との共著に『Aloha Book』（六耀社）、『Hawaii Book』、『Mahalo Book』（枻出版社）がある

内野 亮（うちの・まこと）

ハワイおよびアメリカ国内での、雑誌、テレビ取材ほか撮影全般のコーディネーターとして活躍。大学からハワイへと移り住み、ハワイと日本を行き来する生活を続けて25年目。ハワイをこよなく愛するサーファー。BS・CS放送の『ハワイに恋して！』にレギュラー出演中。赤澤かおりとの共著に『Aloha Book』（六耀社）、『Hawaii Book』、『Mahalo Book』（枻出版社）がある

愛《いと》しのハワイ

これまでも、これからも。
ずっと大切にしたいハワイを集めました！

2012年3月10日 第一版第一刷発行

著者　赤澤かおり／内野 亮
撮影　市橋織江
デザイン　茂木隆行
イラスト　内野 亮
編集　渡邊真人／古俣千尋
マップ　Alto Graphics

協力　ハワイ州観光局
ハワイアン航空
ダラーレンタカー
アウトリガー・ホテルズ＆リゾーツ
アストン・ホテルズ＆リゾート
ハイアット・リージェンシー・ワイキキ
フォーシーズンズ・リゾート・ハワイ
エアーズ・メディア・コーディネーション
James Etherton
Emiko Etherton
Donald Brooke Porter

発行人　角謙二
発行・発売　株式会社枻出版社
〒158-0096
東京都世田谷区玉川台2-13-2
編集部 TEL 03-3708-7213
販売部 TEL 03-3708-5181

印刷所・製本 三共グラフィック株式会社

ISBN978-4-7779-2272-7

http://www.ei-publishing.co.jp
本書に掲載されている内容ならびに価格、住所、電話番号、ウェブサイトなどのデータは2011年9月現在のものです。